Aquisições de Empresas e de Participações Acionistas

– PROBLEMAS E LITÍGIOS –

Aquisições de Empresas e de Participações Acionistas

– PROBLEMAS E LITÍGIOS –

2018

Catarina Monteiro Pires
Doutora em Direito
Professora da Faculdade de Direito da Universidade de Lisboa
Advogada

AQUISIÇÕES DE EMPRESAS E DE PARTICIPAÇÕES ACIONISTAS
– PROBLEMAS E LITÍGIOS –

AUTOR
Catarina Monteiro Pires

EDITOR
EDIÇÕES ALMEDINA, S.A.
Rua Fernandes Tomás, nºs 76-80
3000-167 Coimbra
Tel.: 239 851 904 · Fax: 239 851 901
www.almedina.net · editora@almedina.net

DESIGN DE CAPA
FBA.

PRÉ-IMPRESSÃO
EDIÇÕES ALMEDINA, SA

IMPRESSÃO E ACABAMENTO

Setembro, 2018
DEPÓSITO LEGAL

GRUPOALMEDINA

BIBLIOTECA NACIONAL DE PORTUGAL – CATALOGAÇÃO NA PUBLICAÇÃO

PIRES, Catarina Monteiro

Aquisições de empresas e de participações
acionistas : problemas e litígios. – (Monografias)
ISBN 978-972-40-7646-1

CDU 347

"No essencial cabe a cada uma das partes individualmente obter o conhecimento e dados exigidos para a celebração do contrato".

MARTIN HENSSLER, *Haftung des Verkäufers*, p.113.

"O problema jurídico central na compra da empresa é um problema de informação (...)".

ULRICH HUBER, *Die Praxis des Unternehmenskaufs*, p. 180.

"A prática da consultoria jurídica suspeitou deste intricado *cocktail* de lei e jurisprudência. Por isso, ela cedo preparou a sua própria receita".

BARBARA DAUNER-LIEB, JAN THIESSEN, *Garantiebeschränkungen in Unternehmenskaufverträge*, p. 109.

NOTA PRÉVIA

Este estudo foi nascendo ao longo da preparação de várias sessões do módulo "M&A Litigation" da I e da II Pós-Graduação Avançada em Contencioso Comercial do Centro de Investigação de Direito Privado da Faculdade de Direito de Lisboa, cursos que co-coordenei nos períodos letivos de 2016-2017 e 2017-2018, respetivamente, enquanto Professora da Faculdade de Direito de Lisboa e membro do CIDP. Pela oportunidade de ter lecionado estas aulas, e pelo que aprendi na coordenação do curso, são devidos agradecimentos académicos:

- À Faculdade de Direito de Lisboa;
- Ao Centro de Investigação de Direito Privado da Faculdade de Direito de Lisboa;
- Ao Prof. Doutor António Menezes Cordeiro;
- À Prof. Doutora Maria de Lurdes Pereira.

A investigação das soluções desenhadas pelo direito alemão foi facilitada pelas condições de trabalho na biblioteca do *Max-Planck-Institut für ausländisches und internationales Privatrecht* e pelos momentos de discussão com colegas de outros países durante a minha participação na "*Seventh Max Planck PostDoc Conference on European Private Law*". Ficam os meus renovados agradecimentos ao referido Instituto, pelas condições de investigação, bem como ao Prof. Doutor Dário Moura Vicente, pelo apoio à minha participação na referida conferência.

Finalmente, as minhas opções profissionais de exercício de Advocacia numa sociedade de Advogados e de dedicação à área de resolução de litígios reclamam uma gestão do tempo rigorosa e, não raras vezes, uma disciplina rígida. Neste plano, é devido um agradecimento à equipa de arbitragem e contencioso com quem trabalho na Morais Leitão, Galvão Teles, Soares da Silva & Associados e, em particular, ao Filipe Vaz Pinto, a todos pela cumplicidade perante a minha disciplina durante a escrita desta monografia.

LISTA DE ABREVIATURAS

Ac. – Acórdão
AcP – *Archiv für die civilistische Praxis*
BB – *Betriebs-Berater, Zeitschrift für Recht und Wirtschaft*
BGB – *Bürgerliches Gesetzbuch*
BGH – *Bundesgerichtshof* (tribunal federal alemão)
BGHZ – *Entscheidungen des Bundesgerichtshofes im Zivilsachen*
BMJ – Boletim do Ministério da Justiça
CC – Código Civil português vigente
CSC – Código das Sociedades Comerciais
CDP – Cadernos de Direito Privado
Cit. – citado (a)
CJ – Colectânea de Jurisprudência
CPC – Código de processo civil
DB – *Der Betrieb*
Ed. – edição
FS – *Festschrift*
GWR – *Gesellschafts- und Wirtschaftsrecht*
JuS – *Juristische Schulung*
JZ – *Juristen Zeitung*
MüKo – *Münchener Kommentar zum BGB*
NJW – *Neue Juristische Wochenschrift*
N.m. – número à margem (ou números à margem)
NZG – *Neue Zeitschrift für Gesellschaftsrecht*
p. e pp. – página e páginas, respetivamente
RLJ – Revista de Legislação e de Jurisprudência

ROA – Revista da Ordem dos Advogados
ss. – seguintes
ZHR *Zeitschrift für das gesamte Handels- und Wirtschaftsrecht*
ZGR – *Zeitschrift für Unternehmens-und Gesselschaftsrecht*
ZGS – *Zeitschrift für das gesamte Schuldrecht*
ZIP – *Zeitschrift für Wirtschaftsrecht* (anteriormente *Zeitschrift für die gesamte Insolvenzpraxis*

REGRAS DE CITAÇÃO

As referências bibliográficas do texto, mesmo quando mencionadas pela primeira vez, são indicadas através da menção, em nota de rodapé, do nome do Autor e do título da obra. Na lista bibliográfica apresentada no final deste estudo pode encontrar-se a referência completa à obra, com indicação do nome do Autor (ou dos Autores, em caso de obra coletiva), do título completo, da edição, da editora e do local e data de publicação. Se a obra for uma reimpressão, é feita essa indicação, sendo ainda mencionada a data da edição a que corresponde, quando esta for conhecida.

Quando vários Autores são citados em nota de rodapé para ilustrar uma determinada posição ou delimitar um certo conceito, não seguimos qualquer ordem na sua enumeração. Quando, porém, seja relevante a distinção de opiniões ou importante realçar a sua evolução, de um ponto de vista cronológico, incluiremos as necessárias indicações.

As revistas e jornais com ordenação sequencial são citados mediante indicação do ano e das páginas.

As citações em língua estrangeiras são traduzidas para língua portuguesa e, na falta de indicação em contrário, a autoria das traduções é da Autora.

As abreviaturas utilizadas têm o significado referido na lista de abreviaturas incluída no início da dissertação.

Os acórdãos de tribunais superiores portugueses relativamente aos quais não é dada indicação quanto à proveniência são retirados do sítio www.dgsi.pt e identificados mediante a indicação do tribunal, da data do acórdão e do relator Conselheiro respetivo. Os acórdãos de tribunais superiores portugueses retirados de coletâneas são identificados mediante a indicação do tribunal, da data do acórdão e, ainda, a fonte da sua publicação (título, ano, número e páginas).

Os acórdãos de tribunais estrangeiros retirados de coletâneas são identificados mediante a indicação do tribunal, da data do acórdão e, ainda, a fonte da sua publicação (título, ano, número e páginas).

1. Introdução

1. Os problemas que estudaremos resultam, em breves palavras, de uma fonte comum: contratos de compra e venda de participações acionistas não conformes às expectativas do comprador. A nossa investigação pretende, por um lado, determinar em que circunstâncias é que esta desconformidade é, também, uma violação do programa obrigacional, em sentido amplo, legitimando assim uma reação jurídica e, por outro lado, clarificar quais os meios de tutela ao dispor do comprador.

Recorrendo a alguns exemplos habituais, imaginemos que o comprador da empresa ou das participações sociais decide não realizar uma auditoria ou a realiza de forma "defeituosa". Ou suponhamos que o dito comprador não obtém a colaboração que esperava da administração da sociedade visada no decurso da auditoria (*due diligence*). Quais as consequências de cada uma destas situações? Diz-se por vezes que a auditoria é uma "medalha de dois lados": ora beneficia, ora prejudica o comprador[1]. Será, de facto, assim?

Suponhamos ainda que, depois de uma aquisição de participações acionistas de controlo, o comprador descobre que a atividade da empresa sofre limitações em virtude da falta de uma licença necessária, dos direitos da patente de um terceiro ou do defeito de uma das máquinas necessárias à laboração da fábrica. Ou que o comprador toma conheci-

[1] Ulrich Huber, *Die Praxis des Unternehmenskaufs im System des Kaufrechts*, AcP, 2002, (p. 179 ss), p. 198.

mento, já depois da aquisição, que as inscrições contabilísticas registadas no balanço são falsas ou não refletem dívidas entretanto descobertas[2]. Haverá um desvio ao programa obrigacional? Quais os meios ao dispor do comprador? Em que termos e sob que condições poderá o vendedor ser responsabilizado? Como se conjugam os vários meios de reação? Como se conjuga a disciplina contratual com o regime legal? Quais as diferenças consoante se trate da venda de uma participação acionista simples ou de uma participação acionista de controlo?

Se cingirmos a nossa análise aos problemas da informação, da chamada *due diligence*, das "garantias" e do enquadramento da "perturbação" que afeta o contrato, como é nosso propósito, várias são as dúvidas que se colocam, sem uma resposta unívoca na doutrina e na jurisprudência, nacional e estrangeira.

2. Não é preciso avançar no nosso estudo para adiantar que os problemas merecem um tratamento distinto consoante o contrato inclua, ou não, "declarações" e "garantias" e consoante o contrato inclua, ou não, uma regulação "autónoma" das consequências da desconformidade de "declarações e garantias". Com efeito, como revela a alusão irónica de Barbara Dauner-Lieb à "receita" criada pela "consultoria jurídica" – reproduzida na citação transcrita no início desta obra –, é frequente a "fuga" para uma disciplina contratual alternativa ou, pelo menos, a fixação de um regime jurídico contratual. Sempre que haja "regulação contratual", em princípio, dentro dos limites da lei e depois de interpretado o contrato, os tribunais aplicarão o regime contratual e, havendo lacunas, estas deverão ser integradas em primeira linha em harmonia com a própria disposição de interesses contratualmente regulada (cf. artigo 239º do Código Civil).

Mais problemáticos são os casos em que o clausulado contratual padece de alguma invalidade, em que não há "declarações e garantias", ou em que, tendo sido convencionadas "declarações e garantias", as mesmas não cobrem uma certa contingência ou perturbação entretanto verificada (na sua razoável interpretação) ou não regulam as consequências associadas a essa mesma perturbação. É, pois, comum referir-se

[2] Outros exemplos em Claus-Wilhelm Canaris, *Handelsrecht*, Beck, Munique, 2006, 24ª ed p. 145.

como exemplos de casos particularmente complexos aqueles "em que o comprador não viu concretizadas as suas expectativas sobre certo aspeto, sem que as partes tenham conversado sobre o mesmo e sem que o contrato de compra e venda preveja uma regra para o efeito"[3]. Dito de outro modo, os problemas serão tanto maiores quanto o bem empresa não constitua um "bem de descrição vinculada"[4].

3. O contrato de compra e venda de participações acionistas revela várias especificidades logo no plano primário, isto é, no plano das atribuições e dos deveres de cada uma das partes. Como nota Martin Henssler, "a violação do programa de deveres de informação de um vendedor da empresa pode ser considerada na forma de uma ativa indução em erro através da apresentação de dados falsos, como através da omissão de esclarecimento sobre riscos do âmbito do negócio transmitido"[5]. Os problemas da extensão e dos limites dos deveres de informação do vendedor e dos ónus do comprador são, também, matéria nuclear das "post-acquisitions disputes". Desde logo, porque tais deveres de informação surgem num duplo plano: no "plano vendedor-comprador", mas também no "plano administração da sociedade visada-comprador", com ou sem intermediação do vendedor. Por isso, como se tem notado, "a compra e venda de participações sociais de controle representa um contrato específico pela circunstância de que as informações que mais interessam às partes dizem respeito a bens que não são do vendedor"[6]. A complexidade, e possível sobreposição de planos, faz com que haja necessidade de analisar várias perspetivas para responder à questão de saber *quem deve suportar o risco de uma informação falsa.* Neste âmbito, é imprescindível conjugar o regime civil com o regime

[3] Arndt Stengel/ Frank Scholderer, *Aufklärungspflichten beim Beteiligungs- und Unternehmenskauf*, NJW 1994, (p. 158 ss), p. 158.

[4] Expressão cunhada por Ferrer Correia para os casos de transmissão em bolsa – Ferrer Correia / Almeno de Sá, *Parecer*, em *A Privatização da Sociedade Financeira Portuguesa*, p. 276.

[5] Martin Henssler, *Haftung des Verkäufers wegen Informationspflichtverletzung beim Unternehmenskauf, in Festschrift für Klaus J. Hopt, Unternehmen, Markt und Verwantwortung*, vol. I, De Gruyter, 2010, (p. 113 ss), p. 138.

[6] Gabriel Buschinelli, *Compra e venda de participações societárias de controle*, São Paulo, 2017, policopiada, p. 272.

comercial e societário: o Direito, na sua aplicação prática, não tolera compartimentações e, em matéria de aquisição de empresas, é essencial que a "dimensão contratual" (apesar de ser a mais saliente) não anule, nem contrarie, a "dimensão societária".

4. Sem prejuízo do ponto anterior, grande parte dos problemas práticos e dogmáticos na venda da empresa não dizem tanto respeito às pretensões primárias, mas às pretensões secundárias[7]. Neste plano, não há dúvida que o contrato de compra e venda de participações acionistas é regulado pelos artigos 874º e seguintes do Código Civil e 463º e ss do Código Comercial, com especificidades resultantes do Código dos Valores Mobiliários quanto à transmissão propriamente dita. Contudo, o regime jurídico *potencialmente* aplicável não se reduz a estas normas, obrigando ainda o intérprete-aplicador a percorrer, e a interpretar criticamente, o regime da *culpa in contrahendo* (artigo 227º CC), do erro sobre a base do negócio (artigo 252º nº 2 CC) do incumprimento das obrigações (artigos 798º e 799º CC), da venda de coisas oneradas e defeituosas (artigos 905º ss e 913º ss CC), dos direitos e deveres de informação nas sociedades anónimas (artigo 291º do CSC), da responsabilidade dos administradores perante os sócios (artigo 79º CSC), da responsabilidade dos administradores perante a sociedade (artigo 78º CSC), entre várias outras disposições relevantes.

Mesmo cingindo-nos ao regime civil, depressa nos apercebemos de que, apesar de estarmos perante matérias de enorme importância prática, jurídica e económica, o sistema não oferece respostas claras, nem simples.

Em *primeiro lugar*, porque são convocados regimes já de si suscetíveis de crítica, como sejam o regime do erro sobre a base do negócio *ou* o regime da venda de coisas defeituosas, na parte em que faz referência ao erro. Somando-se depois a esta inadequação geral a particular disfunção que a aplicação direta de tais regimes, sem as necessárias adaptações à realidade da empresa, pode gerar.

Em *segundo lugar*, regista-se a escassez de jurisprudência judicial, dada a frequente resolução dos litígios através da arbitragem. Aliás, o

[7] CLAUS-WILHELM CANARIS, *Handelsrecht*, p. 145.

caso que ainda hoje é habitualmente citado é o da Sociedade Financeira Portuguesa, correspondente a um litígio dirimido num tribunal arbitral.

Em *terceiro lugar*, toda a complexidade anterior é agravada perante a pressão anglosaxónica de introdução de cláusulas pouco adaptadas ao nosso sistema, ou de propostas de clausulados desafiantes perante o Código Civil, e exacerbada ainda pela tensão resultante da difícil compatibilização do Código Civil (em matéria de venda de bens onerados e de bens defeituosos) com as soluções adotadas noutros países europeus.

5. Vistas as coisas do ponto de vista do negócio, a compra e venda de participações acionistas pode, ou não, equivaler à transmissão de uma empresa e esta realidade, em si mesma inquestionável (questionáveis podem ser os critérios de equiparação), pode conduzir a uma diferenciação de soluções jurídicas.

6. Raros, ou muito raros, serão os casos em que o comprador pretenderá pedir a anulação do contrato de compra e venda de participações acionistas, uma vez operada a transmissão. O mesmo se diga da resolução do contrato com fundamento em incumprimento, depois do *closing*: na generalidade dos casos, esta reação simplesmente "não é exequível, nem equilibrada"[8]. Os mecanismos mais utilizados de tutela do comprador são, pois, aqueles que permitem uma manutenção do contrato.

Todos estes fatores exprimem a exigência do enquadramento da venda de participações acionistas, adiantam a elevada improbabilidade de antecipar um regime unitário e reforçam a necessidade de um pensamento dirigido especificamente às realidades da participação acionista e da empresa.

7. Perante a dificuldade do tema, não são de estranhar as alusões a um "caos de opiniões"[9] quanto ao regime de tutela do comprador. Com efeito, distinguem-se posições que remetem para o regime da culpa *in contrahendo* ou para o regime do erro e posições que dividem a venda de participações sociais em duas partes, consoante haja ou não

[8] Felix Stamer, *Unternehmenskauf*, org. Hermann Knott, RWS, Colónia, 2017 (5ª ed.), (p. 63 ss), p. 66.

[9] Manuel Nogueira Serens, *A equiparação de share deal a asset deal no direito alemão*, DSR, 2016, p. 62.

equiparação à venda da empresa (admitindo no caso da equiparação a aplicação do regime de vícios da coisa), posições que adaptam o regime dos vícios da coisa à empresa, nomeadamente através de um conceito subjetivo de defeito, e outras que omitem essa adaptação, posições que reconhecem na "garantia" uma obrigação e posições que a negam, etc[10].

A auditoria (*due diligence*) não é também um domínio pacífico, bastando pensar nos limites ao acesso à informação por parte da potencial adquirente e nos deveres da administração da visada quanto à transmissão de informação, ou no efeito jurídico da própria auditoria e de vários elementos que a integram, como a *due diligence check list* ou as *management interviews*.

Na Alemanha, este desentendimento motivou uma intervenção legislativa. Esta não deve também ficar excluída entre nós, mas a ideia não nos dispensa de encontrar, no plano do direito constituído, soluções coerentes e equilibradas para um dos negócios mais relevantes do Direito Comercial.

8. Antes de avançarmos, impõem-se apenas algumas precisões delimitadoras.

Em *primeiro lugar*, como o próprio título da obra já indica, este estudo tem em vista os *share deals*, e não os *asset deals*[11].

[10] Jürgen Baur, *Die Gewährleistungshaftung des Unternehmensverkäufers. Ein Beitrag zu den ungeklärten zivilrechtlichen Grundlagen von Konzentrationsvorgängen*, BB, 1979, p. (381 ss), p. 382, Peter Hommelhoff, *Der Unternehmenskauf als Gegenstand der Rechtsgestaltung*, ZHR, 1986, (p. 254 ss), pp. 272-273. Contudo, há também quem note, algo ironicamente, que o "caos" e a "complexidade" traziam também abertura para opiniões diferentes e, assim, flexibilidade – Barbara Dauner-Lieb / Jan Thiessen, *Garantiebeschränkungen in Unternehmenskaufverträge nach der Schuldrechtsreform*, ZIP 2002, (p. 108 ss), p. 110.

[11] A distinção é comum: assim, Barbara Jagersberger, *Die Haftung der Verkäufers beim Unternehmens-und Anteilskauf*, Nomos, 2006, p. 56 ss, Eun-He Park, *Vorvertragliche Informationspflichten im Due-Diligence Verfahren*, Duncker & Humblot, Berlim, 2014, p. 46 ss, NK-BGB/Büdenbender (3ª ed., 2016), anexo II aos §433-480, n.m. 13 ss. Entre nós, António Pinto Monteiro / Paulo Mota Pinto, *Compra e venda de empresa. A venda de participações sociais como venda de empresa (share deal)*, RLJ ano 137, nº 3947, 2007, (p. 76 ss), p. 78, José Engrácia Antunes, *A empresa como objecto de negócios – "Asset Deals" versus "Share Deals"*, ROA, 2008, (p. 715 ss), p. 717 ss.

Em *segundo lugar*, ficam excluídos aspetos específicos dos chamados "*distressed deals*", de venda empresas em situação económica difícil ou pré-insolvencial, bem como a venda no próprio processo de insolvência[12].

Em *terceiro lugar*, temos em vista casos de venda da participação acionista a um comprador estranho à sociedade, excluindo, portanto, os casos de *management buy-out* (em que os administradores são os compradores das participações sociais) que não podem deixar de se considerar um caso especial, ao qual várias observações que aqui faremos não se aplicam[13].

Em *quarto lugar*, os problemas que temos em mente neste estudo dizem respeito a aquisições de sociedades sem consideração das especialidades das sociedades abertas[14]. Nestas, além das questões que examinaremos, colocam-se outras indagações, designadamente no que respeita a *insider trading* e a *deveres de informação ao mercado*[15]. Avulta, ainda o regime específico das ofertas públicas[16] e da responsabilidade pelo prospeto.

[12] Sobre o problema, STEFAN DENKHAUS / ANDREAS ZIEGENHAGEN, *Unternehmenskauf in Krise und Insolvenz*, Colónia, 2016, p. 45 ss.

[13] Como nota FÁBIO CASTRO RUSSO, nestes casos a assimetria informativa será a inversa – *Due diligence e responsabilidade, I Congresso Direito das Sociedades em Revista, Direito das Sociedades em Revista*, 2011, (p. 13 ss), p. 16.

[14] Sobre a diferenciação entre sociedade anónima aberta e fechada *vide*, por todos, ANA PERESTRELO DE OLIVEIRA, *Manual de Governo das Sociedades*, Almedina, Coimbra, 2017, p. 33.

[15] PAULO CÂMARA/ MIGUEL BRITO BASTOS, *O direito da aquisição de empresas: uma introdução*, pp. 36-37.

[16] Sobre estas *vide* ANTÓNIO BARRETO MENEZES CORDEIRO, *Manual de Direito dos Valores Mobiliários*, Almedina, Coimbra, p. 353 ss, bem como a bibliografia aí mencionada.

2. Informação e "*due diligence*" (auditoria)

2.1. Contrato de compra e venda de ações e deveres de informação

1. O regime da compra e venda não impõe um dever geral de informação ao vendedor[17], nem a lei civil estabelece um dever pré-contratual geral de informação[18], entendida a informação em sentido amplo, como "a exposição de uma dada situação de facto, verse ela sobre pessoas, coisas ou qualquer outra relação"[19]. Com efeito, à semelhança do que nota HENSSLER quanto ao direito alemão, cabe a cada uma das partes obter conhecimento e dados exigidos para a conclusão do negócio[20]. Este ponto de partida deve ser reafirmado, ou mesmo reforçado, considerando os interesses opostos das partes e a circunstância de ser incerta a celebração do negócio. Além disso, há que ter em atenção que cada contraente possui a sua esfera de informação, muitas vezes relacionada com o seu próprio "círculo de negócios".

[17] Assim também ROLAND MICHAEL BECKMANN, Vorbem zu §§433 *in* Staudinger, 2014, n.m. 32.

[18] Cf. EVA SÓNIA MOREIRA DA SILVA, *Da responsabilidade pré-contratual por violação dos deveres de informação*, Almedina, Coimbra, 2003, p. 130 ss.

[19] JORGE SINDE MONTEIRO, *Responsabilidade por conselhos, recomendações ou informações*, Almedina, Coimbra, 1989, p. 15.

[20] MARTIN HENSSLER, *Haftung des Verkäufers*, p. 128. No mesmo sentido, *vide* também MAXIMILAN RITTMEISTER, *Gewährleistung beim Unternehmenskauf*, Peter Lang, Francoforte, 2005, p. 152 ss.

Quer tudo isto dizer que o modelo do Código Civil, não é um "modelo *a priorístico* de informação" e o vendedor não está pré-contratualmente obrigado a informar o comprador sobre quaisquer elementos que possam influenciar a vontade deste[21].

Tem, pois, razão HOLGER FLEISCHER, quando sublinha que "cada contraente individualmente suporta a responsabilidade por uma suficiente provisão de informação no seu próprio círculo negocial"[22]. Este entendimento tem também reflexos na jurisprudência do Tribunal Federal alemão[23] e na restante doutrina[24].

Além disso, o Código Civil tem de ser adaptado quando nos encontramos no domínio da pura comercialidade. A tensão entre o interesse na plena informação e esclarecimento dos contraentes e na reserva de informação como trunfo negocial ou como facilitador de negociações é particularmente visível nas hipóteses que nos ocupam. Tanto mais que a própria informação tem, ela própria, um valor e é um "valor transacionável, que confere significativo poder negocial"[25].

2. O cenário acabado de descrever poderá, contudo, ser modificado por força da boa-fé (artigos 762º, nº 2 e 227º CC). Com efeito, a generalidade dos Autores reconhece um dever do vendedor de informar o comprador, em momento anterior à celebração do negócio, acerca dos defeitos da coisa vendida (admitamos, por ora, que a "empresa" é a "coisa vendida")[26]. Como nota ANTÓNIO MENEZES CORDEIRO, "o princípio da boa-fé, através da tutela da confiança e da primazia da materialidade subjacente, pode obrigar as partes a múltiplos deveres, de modo

[21] Em sentido análogo quanto ao direito alemão, MARTIN HENSSLER, *Haftung des Verkäufers*, p. 128.

[22] HOLGER FLEISCHER, *Informationsasymmetrie im Vertragsrecht*, Beck, Munique, 2001, p. 426.

[23] Ver por exemplo a sentença do BGH de 6.12.1995, NJW-RR, 1996, p. 429.

[24] ARNDT STENGEL/ FRANK SCHOLDERER, *Aufklärungspflichten beim Beteiligungs- und Unternehmenskauf*, p. 160.

[25] CARLOS FERREIRA DE ALMEIDA, *Contratos*, I, p. 230.

[26] CHRISTOPHER RUDOLF MELLERT, *Selbständige Garantien beim Unternehmenskauf-Auslegungs-und Abstimmungsprobleme*, BB, 2011, (p. 1667 ss), p. 1673, EUN-HE PARK, *Vorvertragliche Informationspflichten*, p. 122.

a preservar o núcleo, efetivo e útil, do contrato"[27]. Contam-se entre os mesmos, deveres de informação.

Os deveres de informação pré-contratuais partilham uma fundamentação análoga aos deveres de informação contratuais, entroncando no pensamento comum da boa-fé, manifestando-se, em ambas as fases da vinculação, num plano acessório, de deveres de conduta impostos *a latere*.

3. A doutrina portuguesa dominante parece justificar a ligação entre os deveres acessórios e a boa-fé com base no princípio da tutela da confiança (ainda que propondo enquadramentos dogmáticos distintos quanto à autonomia de uma *pura* tutela da confiança, além da imposição *ex lege* de deveres)[28].

As críticas à fundamentação do dever pré-contratual de informar na confiança foram sublinhadas por FLEISCHER[29]. A confiança pressuporia, desde logo, um contacto negocial particularmente intenso, uma relação específica entre as partes, o que poderia não suceder em vários tipos de negociações (*deficit* informacional da teoria da confiança). Em determinados contextos, a ideia de confiança poderia mesmo ser uma ficção. Além disso, os deveres de informação serviriam não só interesses individuais, mas interesses coletivos, designadamente a capacidade funcional ou operatividade do comércio jurídico[30].

O BGH também já aludiu à conjugação deste fatores, às exigências da boa-fé e às exigências do comércio jurídico, como critérios diferenciadores dos deveres de informação do vendedor[31].

[27] ANTÓNIO MENEZES CORDEIRO, *Tratado de Direito Civil*, XI, *Contratos em especial*, 1ª parte, Almedina, Coimbra, 2018, p. 164.

[28] *Vide* JOÃO BAPTISTA MACHADO, *Tutela da confiança e «venire contra factum proprium»*, *in Obra Dispersa*, I, Scientia Juridica, Braga, 1991, p. 345 ss, ANTÓNIO MENEZES CORDEIRO, *Da boa fé no Direito Civil*, Almedina, Coimbra, 2001 (reimp. da obra de 1983), p. 586 ss, MANUEL CARNEIRO DA FRADA, *Teoria da confiança e responsabilidade civil*, Almedina, Coimbra, 2004, p. 431 ss e, do mesmo Autor, *Contrato e deveres de protecção*, Coimbra, 1994, p. 92 ss.

[29] HOLGER FLEISCHER, *Informationsasymmetrie*, p. 420 ss.

[30] Este último conceito operacional é de HOLGER FLEISCHER, *Informationsasymmetrie*, p. 422 ss.

[31] Ver por exemplo a sentença do BGH de 6.12.1995, NJW-RR, 1996, p. 429.

Em termos gerais, concordamos que o dever de informar e a responsabilidade por falha de deveres pré-contratuais de informação emergem da boa-fé, mas, em certos casos, entendida num quadro mais amplo de tutela e preservação da "capacidade funcional do comércio jurídico" ("*Funktionsfähigkeit des Geschäftsverkehrs*")[32].

4. O ponto estará em saber *com que extensão* e *na dependência de que fatores* o dever de informar poderá afirmar-se. A mera remissão para uma cláusula geral poderá fragilizar a segurança jurídica, se desprovida de uma sistematização de tendenciais grupos de situações. Será esta a questão que nos ocupará. Contudo, antes de prosseguirmos, salientemos dois pontos quanto ao teor da informação.

Desde logo, deve referir-se que parece consensual que a informação deve ser transmitida com verdade e acompanhada do necessário esclarecimento, sob pena de se produzirem consequências iguais ou análogas às da falta de informação[33]. Claro que, quanto à ideia de verdade – e a doutrina alude também a um dever de verdade[34] –, o ponto estará em saber como se relaciona o disposto no artigo 227º com o disposto no artigo 253º, nº 2, que estabelece que "não constituem dolo ilícito as sugestões ou artifícios usuais, considerados legítimos segundo as conceções dominantes no comércio jurídico, nem a dissimulação do erro, quando nenhum dever de elucidar o declarante resulte da lei, da estipulação negocial ou daquelas conceções". Esta norma acolhe a figura do "dolo tolerado" ou "dolus bonus". Dir-se-ia que dentro do universo do "dolus bonus" não há responsabilidade civil, por violação de deveres de informação ou de lealdade. ALMEIDA COSTA manifestou-se contra esta ordem de ideias, que apelidou de meramente formal e redutora[35]. Pela nossa parte, parece-nos que a contradição pode ser mais aparente do que real: o artigo 227º pode ser fonte constitutiva de um "dever de elucidar" que "desqualifique" o dolo como "dolus bonus". Se assim for, aplicar-se-á

[32] HOLGER FLEISCHER, *Informationsasymmetrie*, p. 422.

[33] Pode ver-se por exemplo HANS CHRISTOPH GRIGOLEIT, *Vorvetragliche Informationshaftung*, Beck, Munique, 1997, p. 6.

[34] HOLGER FLEISCHER/ TORSTEN KÖRBER, *Due diligence und Gewährleistungen beim Unternehmenskauf*, p. 843, mas a referência é comum.

[35] M.J. ALMEIDA COSTA, *Direito das Obrigações*, Almedina, Coimbra, 2011, 12ª ed., p. 312.

o artigo 227º, mas não o artigo 253º, nº 2. Se não existir um dever de elucidar, fica aberta a porta para a aplicação deste último preceito.

Saliente-se ainda que, quando aludirmos a *informar* estaremos a convocar também o esclarecimento[36], como reconhece a jurisprudência nacional[37]. Contudo, a ideia de que o vendedor deve esclarecer não nos diz qual a *medida do esclarecimento*. Com efeito, os esclarecimentos a propósito de documentos constantes do "data room" remetem-nos, muitas vezes, para uma "zona cinzenta" na qual se torna discutível o sentido da vinculação do vendedor[38]. Pergunta-se se, na auditoria legal, o dever de esclarecer depende de iniciativa do credor da informação. MARTIN HENSSLER considerou que sim, sustentando que o devedor não pode recusar esclarecer se estiver obrigado a informar, mas, em princípio, só tem de esclarecer se tiver informado e se o pedido de esclarecimento lhe tiver sido colocado. Se assim não fosse, estaríamos a transferir para o vendedor (devedor da informação) o dever de omnisciência sobre as circunstâncias e dúvidas relevantes para a formação da vontade do comprador (credor da informação), o que não parece adequado, nem sustentável num modelo baseado no princípio da autonomia privada das partes. Este enquadramento geral admitiria, porém, desvios nos casos em que fosse ostensivo que o comprador não se teria apercebido de certa questão[39].

5. O dever de informar visa favorecer uma formação da vontade livre e esclarecida ou um "consentimento racional e esclarecido"[40]. Só o específico contexto do contrato em causa e só a ponderação dos diversos interesses em jogo poderão balizar os limites do dever de informar[41]. Têm sido considerados como critérios mais relevantes a necessidade

[36] HOLGER FLEISCHER/ TORSTEN KÖRBER, *Due diligence und Gewährleistungen beim Unternehmenskauf*, BB, 2001, p. 843. Empregamos, portanto, a expressão em sentido amplo, compreendendo tanto os "deveres de informação em sentido estrito" (*Auskunftspflichten*) quanto os deveres de esclarecimento (*Aufklärungspflichten*).

[37] Ac. do STJ de 26 de novembro de 2014, relator TAVARES DE PAIVA.

[38] Assim, por exemplo, MATTHIAS HÜBNER, *Schadensersatz wegen Täuschung beim Unternehmenskauf*, BB 2010, (p. 1483 ss), p. 1487.

[39] MARTIN HENSSLER, *Haftung des Verkäufers*, p. 135 ss.

[40] CARLOS FERREIRA DE ALMEIDA, *Contratos*, I, Almedina, Coimbra, 2017, 6ª ed., p. 230.

[41] JAN MÖLLER, *Offenlegungen und Aufklärungspflichten beim Unternehmenskauf*, NZG 2012, (p. 841 ss), p. 845.

de informação, designadamente em função do tipo e da probabilidade de risco, a intensidade e confiança nas negociações, a natureza das partes[42] e, em geral, a assimetria informativa existente[43]. Entre nós, nota-se mesmo por vezes uma tendência para considerar decisivo o fator da "desigualidade no acesso à informação"[44]. Ora, pode admitir-se que, na venda de participações acionistas de controlo, existirá, em vários casos (não em todos), uma "tendencial assimetria informativa"[45]. Mas pode não ser assim e, se for, não será um caso de "desequilíbrio institucional entre contraentes"[46], nos quais estão em jogo outros valores do sistema. Além de que, havendo assimetria, haverá depois que ponderar vários fatores.

Quanto à amplitude e extensão geral do dever de informação, conhecem-se várias formulações. Em termos gerais, assinala António Menezes Cordeiro que "o vendedor deve prestar ao comprador todas as explicações necessárias para um aproveitamento correto e seguro da coisa adquirida"[47]. Na síntese do Autor, os deveres de informar "incumbem à parte que esteja em condições de informar" e "incidem, em especial, sobre a parte forte, seja jurídica, seja económica, seja cientificamente: manifesta-se aqui a ideia de tutela da parte mais fraca"[48].

Ainda num contexto geral, também Ana Prata realçou que "os deveres de informação e esclarecimento (...) assumem particular relevância

[42] Hans Gerhard Ganter, *Aufklärungspflichten beim Beteiligungs und Unternehmenskauf*, NJW, 1994, (p. 158 ss), p. 162.

[43] Veja-se por exemplo, Peter Gröschler, *Die Pflicht des Verkäufers zur Aufklärung über Mängel nach neuem Kaufrecht*, NJW 2005, p. 1601 ss, p. 1604, Stephan Breidenbach, *Die Voraussetzungen von Informationpflichten*, p. 61 ss. Entre nós, Eva Sónia Moreira da Silva, *Da responsabilidade pré-contratual*, p. 135 ss.

[44] *Vide*, por exemplo, Manuel Gomes da Silva, Rita Cabral, *Parecer*, em *A Privatização da Sociedade Financeira Portuguesa*, p. 318.

[45] Assim, Fábio Castro Russo, *Das cláusulas de garantia nos contratos de compra e venda de participações sociais de controlo, Direito das Sociedades em Revista*, 2010, (p. 115 ss), p. 117. Referindo mesmo uma "acentuada assimetria informativa", José Engrácia Antunes, *A empresa como objeto de negócios*, p. 753.

[46] A expressão é de Carlos Ferreira de Almeida, *Contratos*, I, p. 231.

[47] António Menezes Cordeiro, *Tratado*, XI, p. 165.

[48] António Menezes Cordeiro, *Tratado de Direito Civil*, II, *Parte geral. Negócio jurídico*, Almedina, Coimbra, 2014, com a colaboração de A. Barreto Menezes Cordeiro, (4ª ed.), p. 291.

quando se esteja perante dois sujeitos cujo poder negocial se apresente desequilibrado"[49].

No universo específico da venda da empresa, adverte José Engrácia Antunes que "do lado do alienante (trespassante ou sócio controlador) avulta desde logo, numa fase pré-contratual, a obrigação de informação: tal obrigação significa que aquele se encontra genericamente vinculado a informar o adquirente, de forma verdadeira e completa, sobre o estado jurídico, patrimonial e financeiro geral da empresa, de modo a permitir a este último conformar correcta e livremente a sua vontade sobre o objecto e a causa do negócio"[50].

Numa versão mais lata, Patrícia Afonso Fonseca sustenta o seguinte: "o dever que impende sobre o vendedor de prestar todas as informações relevantes para a determinação da vontade contratual da contraparte"[51].

No direito estrangeiro conhecem-se também formulações amplas, como a de de Hübner[52] e de Feldmann[53], para quem o dever de informação pré-contratual na venda da empresa existiria em relação a qualquer circunstância relevante para a determinação da rentabilidade.

Stengel e Scholderer enunciaram um conjunto de fatores que podem influenciar a determinação de um dever de informar[54]. Os Autores começam por realçar que a ponderação só pode ser feita perante as circunstâncias do caso concreto e, neste âmbito, poderão ser relevantes no sentido de acentuar o dever (i) a intensidade das negociações (ii) os conhecimentos especializados de uma das partes e (iii) a existência de um erro por parte do comprador, do qual o vendedor se apercebeu. Inversamente, poderão aligeirar, ou excluir, esse dever (i) o risco do negócio (ii) a apreciação da capacidade empresarial por parte do comprador (iii) deveres de sigilo, entre outras circunstâncias.

[49] Ana Prata, *Notas sobre a responsabilidade pré-contratual*, Almedina, Coimbra, 2002 (reimp.), p. 51.

[50] José Engrácia Antunes, *A empresa como objeto de negócios*, p. 764.

[51] Patrícia Afonso Fonseca, *A negociação de participações de controlo. A jurisprudência, in I Congresso Direito das Sociedades em Revista, Direito das Sociedades em Revista*, 2011, p. 36.

[52] Matthias Hübner, *Schadensersatz wegen Täuschung beim Unternehmenskauf*, p. 1483 ss.

[53] Staudinger/Feldmann, 2018, §311, n.m. 127.

[54] Arndt Stengel / Frank Scholderer, *Aufklärungspflichten beim Beteiligungs- und Unternehmenskauf*, p. 162 ss.

Segundo HENSSLER, o vendedor está obrigado a esclarecer o comprador sobre elementos relevantes para a compra da empresa, mas a extensão concreta do dever de informar ou de esclarecer só pode ser determinada em concreto, de acordo com a boa-fé e os deveres do tráfego[55]. A informação a transmitir seria, em todo o caso, informação de que o comprador não dispõe e que o vendedor sabe, ou deve saber, ter um significado relevante para a conclusão do contrato, designadamente por serem circunstâncias suscetíveis de frustrar o fim do contrato. O Autor questiona, ainda, se na venda da empresa existiria um dever de cuidado acrescido, mas conclui que uma tal caraterização não pode afirmar-se sem uma confirmação perante o caso concreto, tudo dependendo das particularidades do negócio, do interesse do comprador e do caráter dos riscos. Na concretização do dever de informar e esclarecer seriam atendíveis várias circunstâncias:

(i) a falta/desnível de informação entre as partes;
(ii) o cuidado que cada uma das partes depositou;
(iii) a potencial renúncia à informação;
(iv) o interesse próprio do devedor da informação;
(v) a intensidade e a duração dos contatos negociais;
(vi) as caraterísticas pessoais dos contraentes;
(vii) as causas dos possíveis riscos;
(viii) o caráter excecional de fatores de risco e
(ix) o equilíbrio económico do contrato[56].

O raciocínio e a enumeração de HENSSLER afiguram-se-nos corretos. Contudo, parece-nos que estes fatores ou elementos se articulam de forma móvel, não sendo possível estabelecer uma solução *a prioristica* quanto à extensão do dever de informar. Por exemplo, as partes podem ter caraterísticas semelhantes, mas uma delas dispor de informação sobre o seu específico círculo de negócios que não é acessível à outra (foi, em certa medida, este o caso da célebre sentença arbitral do caso da privatização da Sociedade Financeira Portuguesa)[57].

[55] MARTIN HENSSLER, *Haftung des Verkäufers*, p. 138.
[56] MARTIN HENSSLER, *Haftung des Verkäufers*, p. 130.
[57] A sentença considerou que incidia sobre o réu um dever reforçado de informar, embora ambas as partes fossem contraentes sofisticados, porque o réu tinha controlo do

Realcemos mesmo que o problema do interesse próprio em não revelar certas circunstâncias que podem impedir o fecho do negócio ou a obtenção de vantagens (lícitas) na negociação deve aceitar-se, parecendo-nos claramente excessivos os modelos paternalistas que obrigam o devedor da informação a revelar circunstâncias que são ostensivamente contrárias aos seus interesses comerciais, com o único intuito de permitir a um credor de informação *medianamente descuidado* perceber o risco.

Os fatores relativos às causas e à natureza dos riscos, juntamente com a ideia de cuidado que o próprio comprador deve ter, podem permitir sustentar que a falta de informação de um risco normal ou típico do negócio em causa não consubstancia uma violação do dever de informar.

6. Estará, em princípio, incluído no âmbito da informação devida aquela acerca da existência de um impedimento à realização da prestação[58]. Aponta-se ainda que o vendedor está obrigado a informar o comprador, dentro da esfera do seu conhecimento e do seu dever de conhecer circunstâncias que possam frustrar o fim do negócio ou sejam relevantes para a decisão de contratar, mas haverá depois que levar a cabo um escrutínio do que é e do que não é relevante[59].

O mesmo se tem admitido quanto a casos em que o vendedor, à data do *closing*, tem conhecimento de situações suscetíveis de afetar de forma significativa a rentabilidade da empresa[60]. Assim, o BGH considerou já que a informação acerca da perda de clientela geradora de mais de 40% do valor habitual de receita seria devida ao comprador, justificando-se impor um correspondente dever ao vendedor[61]. Nas palavras do

acesso, ou acesso privilegiado, a determinada informação, no caso informação sobre garantias bancárias emitidas pela Sociedade Financeira Portuguesa.

[58] Stephan Breidenbach, *Die Voraussetzungen von Informationspflichten beim Vertragsabschluß*, Beck, Munique, 1989, p. 67, Maximilan Rittmeister, *Gewährleistung beim Unternehmenskauf*, p. 153.

[59] Christopher Rudolf Mellert, *Selbständige Garantien*, p. 1673, Roland Michael Beckmann, Vorbem zu §§433 *in* Staudinger, 2014, n.m. 32, Peter Gröschler, *Die Pflicht des Verkäufers zur Aufklärung über Mängel nach neuem Kaufrecht*, NJW 2005, p. 1601 ss, p. 1604, Martin Henssler, *Haftung des Verkäufers*, p. 129 ss.

[60] Susanne Niesse, *Die leistungsstörungsrechtlichen Grundstrukturen des deutschen, französischen und englischen Unternehmenskaufrechts im Vergleich*, Peter Lang, Francoforte, 2012, p. 107.

[61] Sentença do BGH de 6.12.1995, NJW-RR, 1996, p. 429.

Tribunal, impõe-se um dever de informação sobre "circunstâncias que podem frustrar o fim do contrato e que por isso são de significado relevante para a contraparte".

Outras situações serão mais incertas. Em geral, será difícil afirmar, sem outras indagações, que o dever de informar um mero risco associado à celebração do contrato, que não foi referido na negociação, nem é impeditivo da realização da prestação, ou o dever de informar a propósito das "perspetivas contratuais". Pode também entender-se que as circunstâncias suscetíveis de tornar o valor da empresa inferior ao projetado, por si só, não são objeto de um dever de informar[62], só o serão se os demais critérios (boa-fé e tutela do comércio jurídico, dentro dos parâmetros propostos por HENSSLER) assim o impuserem. A informação sobre as perspetivas de receita ou lucro futuro poderão ser relevantes, mas também aqui só se verificados os demais critérios e se for possível concluir que o comprador revelou que o seu interesse em comprar dependia de certo valor esperado de receita[63].

7. Além do *objeto* da informação, avultam problemas relacionados com a *recolha* dessa informação pelo respetivo devedor. Com efeito, em regra, aponta-se que estão em causa informações que o vendedor tem ou deve ter[64]. Dificuldades particulares revestirão os casos em que o vendedor não dispunha de certa informação, mas poderia tê-la obtido, se tivesse agido com a diligência devida.

No direito português, em regra, o devedor obriga-se a cumprir de acordo com a diligência que lhe é exigível, densificada à luz do critério normativo da diligência do *bonus pater familias*, previsto no artigo 487º, nº 2, aplicável também à culpa contratual (artigo 799º, nº 2)[65]. Tem-se entendido que, sem prejuízo de alguma margem de ponderação, "o que o legislador quis foi excluir, como critério de definição do comporta-

[62] Vide por exemplo, ARNDT STENGEL/ FRANK SCHOLDERER, *Aufklärungspflichten beim Beteiligungs- und Unternehmenskauf*, p. 161.

[63] ARNDT STENGEL/ FRANK SCHOLDERER, *Aufklärungspflichten beim Beteiligungs- und Unternehmenskauf*, p. 161.

[64] ROLAND MICHAEL BECKMANN, Vorbem zu §§433 *in* Staudinger, 2014, n.m. 32.

[65] Com outros desenvolvimentos pode ver-se o nosso estudo, CATARINA MONTEIRO PIRES, *Limites dos esforços e dispêndios exigíveis ao devedor para cumprir*, ROA, 2016, p. 105 ss.

mento devido, a diligência psicológica habitual do agente"[66]. O devedor acima da média da sua espécie e classe não deverá mais, *em termos de esforço* (e não em termos de qualidades), do que o devedor médio da sua espécie e classe. Estas considerações valem, também, para os deveres de informação a cargo do vendedor.

8. Os casos merecedores de maior atenção serão aqueles em que se verifica a ausência ou falha de informação. Com efeito, as hipóteses de disponibilização de informações falsas constituirão, com grande probabilidade, uma hipótese de incumprimento (na Alemanha, de violação de um dever)[67].

A falha de informação associa-se, muitas vezes, ao erro (ou à indução negligente em erro), enquanto a hipótese do dolo será menos frequente[68] e colocará, à partida, problemas diferentes.

Em todo o caso, a constatação de que uma dada informação foi ocultada não é suficiente para concluir que o contraente (devedor da informação) violou culposamente um dever contratual nos casos em que não haja dolo nem indução em erro. Nestas hipóteses, há que distinguir consoante a omissão se reporte a situações que só um dos contraentes está em condições de conhecer e casos em que esse contraente não conhece a contingência, mas estaria em condições de a conhecer, se agisse diligentemente. Neste últimos casos, parece-nos, como ensina Ferreira de Almeida (ainda que num âmbito mais vasto do que o que nos ocupa) que "para que o comportamento seja desconforme com a boa-fé será necessário algum ingrediente adicional, como, por exemplo, o caráter ardiloso da omissão ou a concomitante violação do dever de lealdade"[69].

[66] Fernando Pessoa Jorge, *Ensaio sobre os pressupostos da responsabilidade civil*, Coimbra, 1999 (reimp.), p. 337.

[67] Martin Henssler, *Haftung des Verkäufers*, p. 116.

[68] Sobre esta pode ver-se Martin Gutzeit, *Der arglistig täuschende Verkäufer*, NJW 2008, (p. 1359 ss), p. 1359 ss.

[69] Carlos Ferreira de Almeida, *Contratos*, I, p. 235.

2.2. Noção e funções da auditoria

1. A expressão "auditoria" não é uma tradução exata de "due diligence", já que, nesta última, existe uma ambiguidade de sentido entre "diligência-processo" e "diligência-cuidado". Parece-nos, porém, a melhor expressão e, além disso, a designação "auditoria" não significa que não tenha a atividade de ser desenvolvida de acordo com determinado cuidado. No fundo, traduz a "avaliação do objeto da venda" em momento anterior à aquisição[70]. Assim, podemos também definir a auditoria na venda da empresa como um exame detalhado, sistemático e cuidado da empresa visada[71]. No texto, teremos sobretudo presente a auditoria jurídica e a auditoria financeira, mas a auditoria pode ser também técnica, não está limitada quanto ao seu âmbito.

2. As situações mais comuns de auditoria correspondem a uma iniciativa do comprador e correspondem à chamada *preliminary due diligence* (e não *confirmatory due diligence*)[72]. Quer dizer que a auditoria é realizada em momento anterior à celebração do contrato de compra e venda, tendo em vista recolha de informação pelo comprador relevante para as suas decisões, económicas e jurídicas.

3. Em regra, na falta de acordo entre as partes, o vendedor não tem um *dever* de auditoria, não tendo o comprador uma *pretensão de cumprimento* quanto à realização de uma auditoria[73].

[70] Hanno Merkt, *Due Diligence und Gewährleistung beim Unternehmenskauf*, BB 1995, p. 1041 ss, Andreas Gran, *Abläufe bei Mergers & Acquisitions*, NJW, 2008, p. 1412 ss. Entre nós, sobre a auditoria legal, pode ver-se Fábio Castro Russo, *Due diligence e responsabilidade*, p. 13 ss.

[71] Em sentido próximo, NK-BGB/Büdenbender (3ª ed., 2016), anexo III aos §433-480, n.m. 20. Numa explicação próxima, refere José Engrácia Antunes que a *due diligence* designa "a operação complexa e pré-contratual de exame da empresa negociada, levada a cabo pelo comprador (...) que visa recolher uma informação exaustiva sobre os mais variados aspectos organizativos, técnicos, patrimoniais, financeiros e contabilísticos da empresa negociada" – José Engrácia Antunes, *A empresa como objeto de negócios*, p. 753.

[72] Friedhold Andreas / Daniel Beisel, em *Due diligence*, org. Daniel Beisel e Friedhold Andreas, Beck, Munique, 3ª ed., 2017, p. 25 ss.

[73] Assim, Harm Peter Westermann, *Due diligence beim Unternehmenskauf*, ZGR 2005, (p. 248 ss), p. 253 ss.

Qual é, então, a relevância funcional da auditoria? A frase de MÜLLER é sugestiva: na aquisição de empresas "ninguém compra gatos em sacos", isto é, ninguém compra "às cegas"[74]. Com efeito, quando a auditoria é realizada corretamente, o comprador fica, em princípio, melhor informado do que estaria, se não a tivesse realizado[75].

4. Sistematizando, a auditoria visa sobretudo quatro funções[76]. Em primeiro lugar, identificar circunstâncias e riscos que poderão influenciar a decisão de comprar (*Risikoermittlungsfunktion*). Depois, apurar circunstâncias e riscos que poderão ser objeto de declarações e garantias (*Gewährleistungsfunktion*). Em terceiro lugar, verificar ou clarificar vicissitudes relevantes para a formação do preço da venda da empresa (*Unternehmensbewertungsfunktion*). Finalmente, permitir um "retrato" da sociedade alienada, o que poderá ser relevante no futuro, designadamente para efeitos probatórios (*Beweissicherungsfunktion*).

2.3. Auditoria e posição jurídica do comprador e do vendedor

1. Neste quadro funcional, uma primeira interrogação a esclarecer desde já é a seguinte: está o comprador obrigado a realizar uma auditoria, perdendo os seus direitos caso não o faça? Conforme explicou HOLGER FLEISCHER, na generalidade dos contratos de troca, o dever de informação depende não só do requisito positivo da verificação de certos pressupostos na pessoa do devedor da informação, mas também da ausência de requisitos negativos na pessoa do credor da informação,

[74] KLAUS MÜLLER, *Gestattung der Due Diligence durch den Vorstand der Aktiengesellschaft*, NJW, 2000, (p. 3452 ss), p. 3454.
[75] ULRICH HUBER, *Die Praxis des Unternehmenskaufs*, p. 187.
[76] KURT KIETHE, *Vorstandshaftung aufgrund fehlerhafter Due Diligence beim Unternehmenskauf*, NZG, 1999, (p. 977 ss), p. 977 ss, DANIEL BEISEL, *Due diligence*, p. 11 ss, MATTHIAS MERKELBACH, *Die Haftung von Experten gegenüber Dritten für Fehler im Due Diligence Report*, Nomos, 2010, p. 32 ss, NK-BGB/BÜDENBENDER (3ª ed., 2016), anexo III aos §433-480, n.m. 24 ss, MATTHIAS MERKELBACH, *Die Haftung von Experten gegenüber Dritten für Fehler im Due Diligence Report*, Nomos, 2010, p. 32 ss, THOMAS MEURER, *Due Diligence*, Beck' sches M&A Handbuch, org Wolfgang Meyer-Sparenberg, Christof Jäckle, Munique, 2017, p. 37 ss, HOLGER FLEISCHER/ TORSTEN KÖRBER, *Due diligence und Gewährleistungen beim Unternehmenskauf*, p. 841 ss.

sublinhando ainda que a vinculação só deve afirmar-se quando no caso concreto não existir um ónus de auto-informação[77], devendo aquele que se encontra onerado agir com a diligência que põe habitualmente nos seus próprios negócios, de que ele é capaz *(diligentia quam in suis)*.

Num plano mais geral, salienta LARENZ que nem todos os casos de omissão de informação correspondem a hipóteses de culpa *in contrahendo*, porque cada contraente suporta o ónus de se informar e de recolher informação contratualmente relevante [78].

O ónus de auto-informação deve ser recortado em função do círculo de informação a que respeita. Nas hipóteses de informações públicas ou notórias sobre o mercado, a auto-informação impor-se-á, mas já na hipótese de conhecimento interno ou reservado sobre a empresa poderá não ser possível ao contraente auto-informar-se.

Depois, o ónus de auto-informação diz respeito não apenas à obtenção da informação, como também ao exame crítico da mesma.

Procurando aprofundar a natureza da situação do credor da informação (o comprador), podemos distinguir duas posições essenciais (i) a tese da auditoria como uma mera *Obliegenheit* do comprador e a (ii) tese da auditoria como dever do tráfego. Para a tese da *Obliegenheit*, o comprador tem um ónus de proceder a uma observação cuidadosa da empresa a adquirir[79].

A *Obliegenheit* é um ónus material ou um encargo, cuja preterição pode resultar numa desvantagem para o "onerado", seja porque este vê precludida uma atribuição ou vantagem, seja porque tem de suportar uma perda. Na construção de REIMER SCHMIDT – que, entre nós, já mereceu o epíteto de *teoria do dever mitigado*[80] – na *Obliegenheit* estaria em causa

[77] HOLGER FLEISCHER, *Informationsasymmetrie*, p. 586.

[78] KARL LARENZ/MANFRED WOLF, *Allgemeiner Teil des Bürgerlichen Rechts*, Beck, Munique, 2004, 9ª ed., p. 599. Entre nós, também ANA PRATA, entre outros Autores, realçou que "a apreciação da diligência do credor da obrigação pré-contratual é aspeto que, frequentes vezes, reveste também importância decisiva para concluir sobre a existência e medida de tal obrigação" – ANA PRATA, *Notas sobre responsabilidade pré-contratual*, Almedina, Coimbra, 2002 (reimp.), p. 160.

[79] Assim, por exemplo, ARNDT STENGEL / FRANK SCHOLDERER, *Aufklärungspflichten beim Beteiligungs- und Unternehmenskauf*, p. 163. Entre nós, aludindo a um ónus, ANTÓNIO PINTO MONTEIRO / PAULO MOTA PINTO, *Compra e venda de empresa*, p. 77, nota 5.

[80] ANTÓNIO MENEZES CORDEIRO, *Direito dos seguros*, Almedina, Coimbra, 2017, p. 535. Aludindo à *Obliegenheit* de SCHMIDT como um "dever menos intenso", JOSÉ CARLOS

uma situação próxima do dever jurídico, ainda que dogmaticamente autónoma, dominada por uma espécie de "ilicitude enfraquecida", que justificaria uma menor intensidade da reação à falta de cumprimento (uma espécie de coercibilidade atenuada): "*ein teleologischer Rechtszwang minderer Wirkung*"[81]. No fundo, a violação do encargo não habilitaria a uma ação de cumprimento, nem a uma pretensão indemnizatória, mas imporia uma consequência desvantajosa ao respetivo titular. António Menezes Cordeiro definiu a *Obliegenheit* como uma situação que "corresponde estruturalmente a um dever", embora seguindo um regime particular, desde logo por não poder ser exigido o seu cumprimento[82]. Numa obra mais recente e no contexto específico da relação de seguro, Menezes Cordeiro, indicando as várias teorias que procuraram enquadrar a natureza dos encargos, considera ser preferível a teoria do encargo distinguindo, assim, esta figura passiva do dever e do dever acessório[83]. No contexto do tema que nos ocupa, a qualificação de *Obliegenheit* implicaria o comprador não teria o dever jurídico de realizar uma auditoria mas, na relação com o vendedor, a sua não realização poderia implicar uma desvantagem[84].

No direito alemão, uma posição sustentada, entre outros, por Böttcher[85] salienta que se teria formado um uso do tráfego (*Verkehrsitte*) no sentido da realização da *due diligence*[86]. Esta tese tem, porém, de ser compreendida à luz do §346 HGB, que permite, aparentemente, a consideração de costumes e de usos em negócios entre comerciantes. Em todo

Brandão Proença, *A conduta do lesado como pressuposto e critério de imputação do dano extracontratual*, Almedina, Coimbra, 2007 (reimp. da obra de 1997), p. 505.

[81] Reimer Schmidt, *Die Obliegenheiten. Studien auf dem Gebiet des Rechtszwanges im Zivilrecht und besonderer Berücksichtigung des Privatversicherungsrechts*, Verlag Versicherungswirtschaft, Karlsruhe, 1953, p. 104.

[82] António Menezes Cordeiro, *Tratado*, I, pp. 918-919.

[83] António Menezes Cordeiro, *Direito dos seguros*, pp. 534-536.

[84] Concluindo contra uma *Obliegenheit*, Eun-He Park, *Vorvertragliche Informationspflichten*, p. 179.

[85] A tese do dever do tráfego foi sustentada por Lars Böttcher, *Due Diligence beim Unternehmenskauf als Verkehrssite*, ZGS, 1/2007, p. 20 ss. Aludindo também a esta posição, Friedhold Andreas / Daniel Beisel, *Due diligence*, pp. 39-40.

[86] Com outras referências doutrinárias, António Pinto Monteiro / Paulo Mota Pinto, *Compra e venda de empresa*, p. 77, nota 5.

o caso, trata-se de uma posição que conhece opositores, que salientam o caráter diferenciado e incerto de cada *due diligence* e a necessidade de não forçar um "uso" para poder responsabilizar o comprador, pela sua negligência em não pretender realizar uma *due diligence*[87]. A tese dominante recusa um tal uso do tráfego e, nessa medida, recusa também uma conculpabilidade do comprador que não realiza a auditoria[88].

Numa orientação com vários apoios na doutrina[89], ULRICH HUBER ressalta que, no cenário de culpa *in contrahendo*, não é possível aceitar uma "culpa do lesado" do comprador. A ideia de uma *Mitverschulden* do comprador contrariaria a própria ideia de um *Aufklärungspflicht*. Com efeito, este dever de informar/esclarecer implicaria transmitir elementos que não foram perguntados. Se o comprador tivesse o ónus de perguntar, isso seria negar o próprio dever do vendedor[90]. Esta conclusão aplicar-se-ia à dispensa de *diligence* pelo comprador, perante um cenário de culpa *in contrahendo*[91].

HOLGER FLEISHER também alinha por este diapasão. Não haverá dever de *due diligence* do comprador, nem a realização de uma auditoria com falhas importará uma *conculpabilidade* do comprador[92].

RITTMEISTER discorda deste ponto de vista, salientando que, no caso de *due diligence*, é razoável aceitar que existe uma culpa do comprador quando podia ter conhecido ou recolhido informação sobre certo aspeto e não o fez[93].

[87] Ver as críticas de HARM PETER WESTERMANN, *Due diligence beim Unternehmenskauf*, p. 264 e de MAXIMILAN RITTMEISTER, *Gewährleistung beim Unternehmenskauf*, p. 123. Com referências do direito brasileiro e referindo ser maioritária a posição contrária à existência de um uso, GABRIEL BUSCHINELLI, *Compra e venda de participações societárias de controle*, pp. 288-289.

[88] CHRISTOPH LOUVEN, *Streitigkeiten nach gesetzlichem Gewährleistungs- und Haftungsrecht, Grundsätze des gesetzlichen Schadensrecht*, in *Handbuch Streitigkeiten beim Unternehmenskauf, M&A Litigation*, org. Kim Lars Mehrbrey, Carl Heymanns, Colónia, 2018, p. 421 ss, p. 442.

[89] CARSTEN NICKEL, *Die Rechtsfolgen der culpa in contrahendo*, Duncker & Humblot, Berlim, 2004 , p. 241 (com referências adicionais).

[90] ULRICH HUBER, *Die Praxis des Unternehmenskaufs*, p. 190.

[91] ULRICH HUBER, *Die Praxis des Unternehmenskaufs*, p. 201.

[92] HOLGER FLEISCHER/ TORSTEN KÖRBER, *Due diligence und Gewährleistungen beim Unternehmenskauf*, p. 848.

[93] MAXIMILAN RITTMEISTER, *Gewährleistung beim Unternehmenskauf*, p. 161.

Que adesão merecem estas posições?

De um *ponto de vista axiológico*, a circunstância de estarmos no domínio do direito privado, e de a lei não impor dever algum ao comprador, sugere a colocação da auditoria como objeto de uma escolha de um sujeito. Do *ponto de vista lógico*, a imposição de um dever de auditoria poderá revelar-se desadequada. Pode mesmo suceder que a informação disponibilizada pelo vendedor ou o caráter reduzido do preço e dos riscos envolvidos na aquisição permitam dispensar qualquer investigação mais profunda.

No direito português, a auditoria não parece constituir um dever do adquirente[94] e conhecem-se posições da doutrina nesse sentido[95], embora também se realce que o ónus do comprador é reforçado em relação a outros casos de compra e venda[96], tendo esta ideia eco na jurisprudência[97]. A lei não sugere que o comprador que não realiza a *due diligence* viola um dever[98].

Caso o comprador opte por prescindir de uma auditoria, daí não se retira, sem mais, que ficam em absoluto excluídos os deveres de informação e esclarecimento por parte do vendedor, nem a responsabilidade

[94] No mesmo sentido no direito alemão, FRIEDHOLD ANDREAS / DANIEL BEISEL, *Due diligence*, p. 38, RALF BERGJAN, *Die Auswirkungen der Schuldrechtsreform 2002 auf den Unternehmenskauf. Unter besonderer Berücksichtigung der Gewährleistungshaftung des Beiträge zur Rechtswissenschaft*, Duncker & Humblot, Berlim, 2003pp. 182-183, MAXIMILAN RITTMEISTER, *Gewährleistung beim Unternehmenskauf*, p. 123.

[95] Por exemplo, PAULO CÂMARA / MIGUEL BRITO BASTOS, *O direito da aquisição de empresas: uma introdução*, p. 27, nota 39. Referindo-se, contudo, a um "dever", JOSÉ ENGRÁCIA ANTUNES considerou que "não apenas o alienante tem o dever de informar, mas também o adquirente tem o dever de se informar dos dados da empresa social que sejam objecto de publicidade legal (mormente, os constantes de registo comercial), relativamente aos quais não lhe será lícito, em princípio, alegar desconhecimento" – JOSÉ ENGRÁCIA ANTUNES, *A empresa como objeto de negócios*, pp. 765-766.

[96] Assim, ANTÓNIO PINTO MONTEIRO / PAULO MOTA PINTO, *Compra e venda de empresa*, p. 91.

[97] Ac. do STJ de 26 de novembro de 2014, relator TAVARES DE PAIVA.

[98] No direito alemão, realçando o facto de a lei da modernização do direito das obrigações não ter estabelecido um dever (nem uma *Obliegenheit*) de auditoria, pelo que seria duvidosa a ideia de negligência grosseira por omissão de *due diligence*, BJÖRN GAUL, *Schuldrechtsmodernisierung und Unternehmenskauf*, ZHR, 2002, (p. 35 ss), p. 64.

deste[99]. Por um lado, porque a realização da auditoria não é um dever do comprador[100]. Por outro lado, porque, os deveres de informação do vendedor são impostos pela regra da boa-fé e determinados perante o caso concreto. Por este motivo, distanciamo-nos da tese defendida por PAULO CÂMARA e MIGUEL BRITO BASTOS, para quem a não realização de uma auditoria equivale ao conhecimento da existência de um vício[101].

Contudo, não convence também a tese da total irrelevância da renúncia do comprador à realização da auditoria. A fórmula geral segundo a qual "cada uma das partes deve informar e esclarecer a outra sobre circunstâncias que possam frustrar o fim do negócio ou que tenham um significado relevante para a decisão negocial da contraparte" sofre alguma adaptação, uma vez que, efetivamente, o adquirente poderia ter conhecido a empresa, através da realização de uma auditoria autorizada. A conduta do adquirente poderá, assim, ser valorada como uma contribuição para a produção de um resultado, a ponderar no contexto específico dos meios legais que pretenda invocar.

Haverá, em particular, lugar a "culpa do lesado" no caso de não realização de auditoria pelo comprador?

Na nossa opinião, não será legítimo arredar sempre a responsabilidade do vendedor com fundamento em "culpa do lesado" (cf. artigo 570º do Código Civil) pelo mero facto de o comprador *não ter realizado* uma auditoria[102]. Quer dizer que do simples facto de o comprador, no contexto específico do negócio, ter decidido não realizar uma auditoria não se retira, sem mais, que não poderá responsabilizar o vendedor com fundamento em informações inexatas. A não realização de *due diligence* pode dever-se a vários fatores (até financeiros) e pode não ter o sentido de recusa de informação, no específico contexto do negócio. Simplesmente, a "culpa do lesado" não fica completamente arredada, se for

[99] Assim, HARM PETER WESTERMANN, *Due diligence beim Unternehmenskauf*, p. 265-266. No direito brasileiro, apoiando a solução de WESTERMANN, GABRIEL BUSCHINELLI, *Compra e venda de participações societárias de controle*, p. 290.

[100] Assim, HOLGER FLEISCHER / TORSTEN KÖRBER, *Due diligence und Gewährleistungen beim Unternehmenskauf*, p. 847.

[101] PAULO CÂMARA / MIGUEL BRITO BASTOS, *O direito da aquisição de empresas: uma introdução*, p. 29.

[102] Em sentido análogo, no direito alemão, BARBARA JAGERSBERGER, *Die Haftung des Verkäufers*, pp. 364-365, RALF BERGJAN, *Die Auswirkungen der Schuldrechtsreform*, p. 183.

possível provar que o vendedor se dispôs a fornecer *determinada* informação ao comprador e que este recusou recebê-la ou a desconsiderou.

2. Pode também perguntar-se se certas falhas na auditoria podem ser motivo de um desconhecimento culposo de um "defeito da empresa" ou de uma "informação relevante", com consequências de exclusão ou diminuição dos meios de tutela do comprador[103]. Essas falhas podem conduzir a que: (*i*) o comprador conheça certa vicissitude, mas não se aperceba do seu impacto; (*ii*) o comprador conheça certa vicissitude, se aperceba do seu impacto, mas não lhe atribua relevância no contexto do negócio ou a que (*iii*) o comprador não chegue a conhecer certa circunstância que seria relevante no contexto do negócio.

Se o comprador decidiu realizar uma auditoria, na qual o vendedor também colaborou, a circunstância de a auditoria ter existido deverá ser ponderada, caso se registem anomalias ou falhas que prejudiquem o conhecimento de defeitos e que permitam concluir que o comprador não conheceu, mas podia ter conhecido, o defeito[104].

No direito alemão, resulta do §442/1, 1ª parte do BGB os direitos do comprador em virtude de um defeito são excluídos, quando este o conhecia aquando da celebração do contrato. Na 2ª parte determina-se, depois, que o comprador que desconhece o defeito por ter agido com negligência grosseira só pode invocar o defeito se o vendedor tiver agido com dolo ou tiver aceitado uma garantia. Estas normas têm várias consequências no âmbito da venda da empresa[105]. *Em primeiro lugar*, ainda que se entenda que é o vendedor quem tem o ónus da prova do conhecimento por parte do comprador, a verdade é que a auditoria pode vir a constituir uma desvantagem para o comprador[106]. Em *segundo lugar*, se o comprador não tem conhecimento da circunstância em virtude de

[103] Ralf Bergjan, *Die Auswirkungen der Schuldrechtsreform*, p. 182 ss, Harm Peter Westermann, *Due diligence beim Unternehmenskauf*, p. 263 ss, Aliresa Fatemi, *Die Obliegenheit zur Due Diligence*, Nomos, 2009, p. 49 ss, Ulrich Huber, *Die Praxis des Unternehmenskaufs*, p. 200 ss.

[104] Em sentido análogo, no direito alemão, Christoph Louven, *Streitigkeiten nach gesetzlichem Gewährleistungs- und Haftungsrecht*, p. 430.

[105] Christoph Louven, *Streitigkeiten nach gesetzlichem Gewährleistungs- und Haftungsrecht*, pp. 441-442.

[106] Friedhold Andreas / Daniel Beisel, *Due diligence*, pp. 34-35.

negligência grosseira, também fica excluída a pretensão indemnizatória do comprador, a não ser que haja uma garantia. Pergunta-se, depois, se a existência de uma garantia deve afastar a exclusão dos direitos do comprador quando este tenha conhecimento positivo do defeito[107].

E no direito português?

Na jurisprudência, a ideia de exclusão dos direitos do comprador quando este desconhecia com culpa o defeito aquando da celebração do contrato é também reforçada através da distinção (*praeter legem*) entre defeito oculto e defeito aparente. Assim, segundo o Ac. do TRC[108]:

> "No contexto da compra e venda, defeito oculto é aquele que, sendo desconhecido do comprador, pode ser legitimamente ignorado, pois não era detectável através de um exame diligente, i.e. não era reconhecível pelo *bonus pater familias*; defeito aparente é aquele que é detectável mediante um exame diligente, de que o comprador se poderia ter apercebido usando de normal diligência. O defeito da coisa prestada só faculta ao comprador os meios jurídicos enunciados se o desconhecer sem culpa. Por outras palavras: a responsabilidade emergente da prestação de coisas defeituosas só existe em caso de defeito oculto".

Também no direito português, o conhecimento positivo de um vício da empresa, através da auditoria, pode excluir a responsabilidade do vendedor. Com efeito, nestas hipóteses pode não se registar desalinhamento algum entre o programa acordado e a realidade, não havendo que falar em não cumprimento, nem em cumprimento defeituoso por parte do vendedor.

A responsabilidade do vendedor pode ainda ser excluída ou atenuada, se for possível provar que, através da auditoria, o comprador podia ter tido conhecimento da circunstância causadora do dano do comprador[109].

[107] Christopher Rudolf Mellert, *Selbständige Garantien*, p. 1671.

[108] Ac. do TRC de 20 de junho de 2012, relator Henriques Antunes.

[109] Neste sentido, vejam-se as observações de Hölters em Hölters/*Aktiengesetz*, Beck, Munique, 2017, 3ª ed, §93, n.m. 177 e de Maximilan Rittmeister, *Gewährleistung beim Unternehmenskauf*, p. 117, Alexandra Lampen/ Stephanie Roth, *Ansprüche aus kaufrechtlichem Gewährleistungsrecht*, in *Handbuch Streitigkeiten beim Unternehmenskauf, M&A Litigation*, org. Kim Lars Mehrbrey, Carl Heymanns, Colónia, 2018, p. 535.

3. Uma nota final, antes de avançarmos. Quando dizemos *comprador* teremos de ter em conta uma adequada compreensão do conhecimento que lhe deve ser imputado: quanto a este aspeto, é comum o próprio contrato estabelecer uma lista de pessoas relevantes, mas, na falta destas, haverá que aplicar os critérios de imputação do conhecimento. No direito alemão, por exemplo, ao lado do representante legal e do representante voluntário, distingue-se o "representante de conhecimento" (*Wissenvertreter*), defendendo-se a aplicação analógica a este último do §166 BGB[110]. No direito português, devem ser procuradas soluções similares, que permitam conformar a ideia de "representante de conhecimento".

4. Ainda em sede de auditoria, outra dúvida diz respeito aos efeitos da auditoria quanto à posição jurídica do vendedor, assumindo que não se registam falhas na sua realização pelo comprador[111]. Na venda da participação acionista de controlo – isto é, situações de aquisição do domínio, nos termos do artigo 486º do CSC, designadamente situações de titularidade acionista aliada a uma influência dominante do sócio (controlador) sobre a sociedade, a um "poder de agir sobre o *governo* da sociedade dependente"[112] – entende-se existir um acesso desigual à informação dado que uma das partes é acionista controlador e a outra é terceiro[113]. Havendo auditoria, esta desigualdade é, de algum modo, mitigada ou anulada, cabendo questionar qual efeito jurídico que a mesma produz quanto à existência e à extensão dos deveres de informar do vendedor. Dito de outro modo, tendo sido acordada a realização, ou realizada, uma auditoria ficam os deveres de informação e esclarecimento do vendedor reduzidos ou atenuados?

[110] Hass/ Koch/ Golland, *Ansprüche aus culpa in contrahendo wegen fehlerhafter Aufklärung, in Handbuch Streitigkeiten beim Unternehmenskauf, in M&A Litigation*, org. Kim Lars Mehrbrey, Carl Heymanns, Colónia, 2018, p. 548.

[111] Maximilan Rittmeister, *Gewährleistung beim Unternehmenskauf*, p. 117 ss.

[112] Ana Perestrelo de Oliveira, *Manual de Grupos de Sociedades*, Almedina, Coimbra, 2016, p. 43.

[113] Este raciocínio esteve subjacente a alguns pareceres no caso da Privatização da Sociedade Financeira Portuguesa – veja-se por exemplo Manuel Gomes da Silva / Rita Cabral, *A Privatização da Sociedade Financeira Portuguesa*, p. 319.

Apesar de o ponto suscitar dúvidas[114], resulta do que já dissemos que o decurso de uma auditoria pode conformar a intensidade dos deveres de informação e de esclarecimento por parte do vendedor[115], mas esta conformação só pode ser determinada perante o caso concreto, não devendo ser vista como uma exclusão *a priori* de toda e qualquer responsabilidade.

5. No contexto que temos vindo a analisar, é de destacar, em particular, o efeito da chamada *due diligence check list*. Partimos do ponto de vista segundo o qual a responsabilidade primária pela elaboração da lista, pela deteção das dúvidas, pela busca do conhecimento necessário, é do comprador[116]. Quais são, porém, as consequências da existência desta lista?

HUBER cuidou de limitar os deveres do vendedor perante a referida lista, considerando o seguinte: "se tiver lugar uma *due diligence*, o vendedor pode assumir que os pontos relevantes para o comprador constavam do catálogo de perguntas. Se o processo falhar, não é da conta do vendedor investigar qual será o conhecimento relevante a relatar ao comprador"[117].

Entre nós, considerou já FÁBIO CASTRO RUSSO, numa versão mais forte, que a *due diligence check list* tem uma função delimitadora, em sentido positivo e em sentido negativo. Esta posição, além de desagravar a posição do vendedor, agrava a posição do comprador. Salienta o Autor: "não deve ser ignorado (...) que, ao indicar que informações pretende obter (...) o comprador está a indicar as informações relevantes para a sua decisão de contratar e, pela negativa, a permitir concluir não depender essa decisão de tudo o que se ache excluído, isto é, das informações que não haja solicitado"[118].

[114] Veja-se FRIEDHOLD ANDREAS / DANIEL BEISEL, *Due diligence*, pp. 42-43, MARTIN HENSSLER, *Haftung des Verkäufers*, p. 136 ss.

[115] Assim, HARM PETER WESTERMANN, *Due diligence beim Unternehmenskauf*, p. 258 ss. Em sentido próximo, MIGUEL GIMENO RIBES, *La protección del comprador en la adquisición del empresa. Estudio comparado de los ordenamentos español y alemán*, Editorial Comares, Granada, 2013, p. 87.

[116] MARTIN HENSSLER, *Haftung des Verkäufers*, p. 138.

[117] ULRICH HUBER, *Die Praxis des Unternehmenskaufs*, p. 218.

[118] FÁBIO CASTRO RUSSO, *Due diligence e responsabilidade*, p. 21.

Paulo Câmara e Miguel Brito Bastos, por seu turno, entendem que "é (...) manifestamente incorreta a tese de que, ao elaborar a *due diligence check list* o potencial comprador delimita os factos que considera essenciais para a sua decisão de contratar e, consequentemente, o perímetro da informação que lhe é devida"[119].

A doutrina parece, portanto, divergir quanto ao caráter limitador da *due diligence check list* e, tanto quanto é do nosso conhecimento, a jurisprudência não tomou ainda posição sobre este ponto específico.

No nosso entendimento, haverá que considerar o seguinte: se a auditoria não anula o dever de informar do vendedor, não parece que esta lista seja uma limitação absoluta quanto ao tipo de informação a obter. A ponderação sobre se é, ou não, devida informação pelo vendedor além da lista deve operar nos termos gerais, conjugando os vários fatores de que depende a existência de um concreto dever de informar (e que analisamos *supra* no ponto 2.1.). Pode admitir-se que os elementos incluídos na dita "*due diligence check list*" são relevantes para a formação da decisão do comprador, mas não parece já possível concluir, na falta de acordo diverso, que *só esses elementos* são relevantes para essa mesma decisão, sobretudo no caso de existência de um risco extraordinário que um comprador normal, usando da diligência que lhe é exigível nos seus próprios negócios, não poderia prever.

6. Há ainda que notar que, em várias circunstâncias, o vendedor não poderá ser responsabilizado por informações fornecidas ao comprador pela administração da sociedade visada. Será o caso das situações em que o vendedor não tem a possibilidade de escrutinar a veracidade da informação, o que será especialmente relevante quanto a esclarecimentos diretamente prestados pela administração da visada nas chamadas *management interviews* ou *management presentations* e sempre que o vendedor disponha de (ou aliene) uma participação minoritária na sociedade visada.

Por outro lado, as indicações transmitidas pela administração da visada quanto a expectativas de lucro futuro não poderão, sem outros elementos, constituir fonte de responsabilidade do vendedor se, no futuro, se vier a verificar um cenário menos favorável.

[119] Paulo Câmara / Miguel Brito Bastos, *O direito da aquisição de empresas: uma introdução*, p. 27, nota 40.

Naturalmente que parte destes constrangimentos podem ser acautelados pelo comprador através das chamadas "*management warranty deeds*", em que a administração da visada declara ser verdadeira e/ou completa a informação prestada no âmbito da *due diligence*[120] (isto embora estes "deeds" reclamem, depois, uma análise de licitude no âmbito da administração da visada).

2.4. Auditoria e administração da compradora

1. Apesar de, na relação comprador-vendedor, a realização da auditoria não constituir um dever do comprador, mas um mero ónus, o mesmo pode não suceder na relação entre a administração da sociedade compradora (admitindo que esta é uma sociedade anónima) e esta mesma sociedade. A administração da sociedade compradora pode estar obrigada a prosseguir uma auditoria.

2. Na doutrina alemã, vários Autores consideram que a decisão sobre a realização de uma auditoria é uma decisão empresarial, a ponderar nos quadros gerais das decisões gestórias[121], enquanto outros entendem que existe dever de realização da *due diligence*, considerando que os mecanismos legais de tutela do comprador são insuficientes ou, pelo menos, insuscetíveis de conferir à sociedade uma gestão de risco análoga à que uma *due diligence* permite[122]. Em todo o caso, ambas as posições, colocam o problema em torno da interpretação do §93 AktG, cujo número um obriga os administradores a agir com o "cuidado de um gestor consciencioso e diligente"[123].

[120] BeckOGK/Wilhelmi, §453, n.m. 750.

[121] Hölters em Hölters/*Aktiengesetz*, 2017, 3ª ed, §93, n.m. 179 ss, Assim, Harm Peter Westermann, *Due diligence beim Unternehmenskauf*, p. 266, Peter Hemeling, *Gesellschaftrechtliche Fragen der Due Diligence beim Unternehmenskauf*, ZHR, 2005, pp. 276-277.

[122] Kurt Kiethe, *Vorstandshaftung aufgrund fehlerhafter Due Diligence*, p. 982 ss, Daniel Beisel, *Due diligence*, p. 103, Rüdiger Werner, *Haftungsrisiken bei Unternehmensakquisitionen: die Pflicht des Vorstands zur Due Diligence*, ZIP, 2000, (p. 989 ss), 990 ss.

[123] No direito alemão, salientando que o §93 AktG tem uma dupla função, de *medida da culpa* e de *fonte de ilicitude* Holger Fleischer, *Handbuch des Vorstandsrechts*, §7, n.m. 1, Georg Seyfahrt, *Vorstandsrecht*, Carl Heymanns, 2005, p. 793 ss.

3. No direito português, a decisão da administração deve operar nos quadros do artigo 64º, nº 1, alínea a) do CSC, que determina que os administradores devem observar "deveres de cuidado, revelando a disponibilidade, competência técnica e conhecimento da atividade da sociedade adequados às suas funções e empregando nesse âmbito a diligência de um gestor criterioso e ordenado"[124]. A *business judgement rule* (cf. artigo 72º, nº 2 do CSC), por seu turno, impele a administração a uma adequada recolha de informação[125].

Sem prejuízo deste parâmetro geral, deve notar-se que o "dever de obtenção de informação" por parte da administração da sociedade compradora, caso se imponha, não tem um conteúdo fixo[126]. O problema coloca-se, também aqui, no plano da decisão de gestão. Neste âmbito, em princípio, a necessidade de tomar uma decisão informada depõe no sentido da realização da auditoria, mas tudo dependerá do grau e do tipo de informação de que a administração da sociedade compradora disponha. Nesta ponderação, deverá pesar a intensidade do risco (financeiro, jurídico ou outro) relacionado com a aquisição e, também, o estado financeiro da visada. Além disso, quando maior for o risco da operação, menor será a "margem de liberdade" da administração[127].

Em suma, parece-nos, pois, que o problema deverá colocar-se à luz dos deveres gerais da administração, devendo questionar-se qual será a conduta devida por um gestor criterioso e ordenado[128]. Será, portanto,

[124] Paulo Câmara / Miguel Brito Bastos, *O direito da aquisição de empresas: uma introdução*, pp. 17-18 e pp. 30-31.

[125] Nos termos do artigo 72º, nº 2 CSC, "a responsabilidade é excluídase alguma das pessoas referidas no número anterior [gerentes ou administradores] provar que atuou em termos informados, livre de qualquer interesse pessoal e segundo critérios de racionalidade empresarial". Sobre a *business judgement rule* no direito português, cf. Manuel Carneiro da Frada, *A business judgement rule no quadro dos deveres gerais dos administradores, in Forjar o Direito*, p. 337 ss, João Soares da Silva, *Responsabilidade Civil dos Administradores de Sociedades: Os Deveres Gerais e os Princípios da Corporate Governance*, ROA, 1997, p. 605 ss, José Ferreira Gomes, *Da administração à fiscalização das sociedades. A obrigação de vigilância dos órgãos da sociedade anónima*, Almedina, Coimbra, 2015, p. 876 ss.

[126] Sobre o problema pode ver-se Dorothee Kauer, *Die Informationsbeschaffungspflicht des Vorstands einer AG*, Nomos, 2015, p. 77 ss.

[127] Kurt Kiethe, *Vorstandshaftung aufgrund fehlerhafter Due Diligence*, p. 981.

[128] De igual modo no direito alemão, Barbara Jagersberger, *Die Haftung des Verkäufers*, p. 361 ss.

difícil afirmar *em geral* um dever de realização de auditoria. Como nota Hölters, a administração *pode* ter o dever de realizar uma *due diligence*, ou *pode não ter*: esta é uma conclusão que só pode ser extraída perante o caso concreto[129].

2.5. Auditoria e administração da sociedade visada

1. Analisemos, agora, o problema, não menos melindroso, dos poderes e dos deveres da administração da sociedade visada quanto à disponibilização de informação ao adquirente de uma participação acionista. Esta administração pode ser confrontada com pedidos de informação, destinados ao potencial adquirente (intermediados, ou não, pelo sócio alienante), que poderão, de algum modo, dizer respeito a informação sensível (hipótese frequente) ou a informação suscetível de prejudicar a sociedade ou alguns dos seus sócios. O aspeto que agora nos ocupa é o seguinte: a administração da sociedade visada *deve* colaborar na auditoria e fornecer informação, tendo em vista a projetada alienação, ou *não o deve fazer?*[130]

Algumas advertências prévias, antes de respondermos a esta interrogação. A *primeira* para salientar que a questão não se resume, naturalmente, às *management interviews*, nem à disponibilização de um *business plan*, dado que estes elementos podem ser insuficientes para se concluir que o comprador estava plenamente informado sobre o negócio. A *segunda* para deixar também claro que a pergunta que colocamos será mais premente no caso de venda de participações acionistas simples, em que não haja transmissão da empresa ou em que não haja transmissão do controlo da sociedade, mas não deixa de se colocar em geral. Finalmente, uma última nota para mencionar que partiremos de um modelo em que existe interação direta entre a administração da visada e a compradora (ou a administração desta). Podem, porém, ocorrer casos de entrega direta de informação por parte do acionista dominante ao potencial adquirente, sem intermediação da administração da visada.

[129] Hölters em Hölters/*Aktiengesetz*, 2017, 3ª ed, §93, n.m. 180.

[130] Hölters em Hölters/*Aktiengesetz*, 2017, 3ª ed, n.m. 178, Maximilan Rittmeister, *Gewährleistung beim Unternehmenskauf*, p. 105 ss.

Nestes casos, os limites devem ainda ser estabelecidos em função de deveres de lealdade que possam adstringir o acionista, perante a sociedade e perante os demais sócios[131].

Os limites da informação a transmitir ao terceiro não resultam diretamente de uma disposição legal, mas antes se retiram de um conjunto de normas jurídicas ou, talvez melhor, de um conjunto de valorações jurídicas extraídas de normas jurídicas. Estas ponderações são tanto mais importantes quanto considerarmos que, em bom rigor, o administrador pode encontrar-se "entre a espada e a parede", dado que tanto pode ser responsabilizado por recusa indevida de informação, como por disponibilização indevida de informação[132].

Parece-nos possível, e adequado, à luz do Código das Sociedades Comerciais, estabelecer parâmetros orientadores mais específicos do que a mera remissão para uma decisão conforme ao interesse social. Naturalmente que o interesse social conformará qualquer decisão gestória, simplesmente o quadro legal relativo à informação não pode ser ignorado, mesmo na relação entre administração da sociedade visada e sociedade adquirente (e administração desta)[133].

Esta ideia de coerência valorativa de soluções – que, desde logo, parece impedir que o adquirente tenha em regra acesso a *mais informação* do que o próprio sócio – exige que, para esclarecer as interrogações que se colocam à administração da visada, comecemos por examinar o conteúdo geral dos deveres de informação e dos deveres de sigilo[134] e, com estes dados, concretizaremos estes deveres, ou as suas implicações, no

[131] Ole Ziegler, *Due Diligence im Spannungsfeld zur Geheimhaltungspflicht von Geschäftsführern und Gesellschaftern* DstR 2000, p. 254. Sobre os deveres de lealdade dos sócios, *vide*, António Menezes Cordeiro, *Direito das Sociedades*, II, *Das Sociedades em especial*, Almedina, Coimbra, 2014, p. 572 ss, Ana Perestrelo de Oliveira, *Manual de Governo das Sociedades*, p. 83 ss.

[132] Kurt Kiethe, *Vorstandshaftung aufgrund fehlerhafter Due Diligence*, p. 978.

[133] Aludindo ao interesse social, Paulo Câmara / Miguel Brito Bastos, *O direito da aquisição de empresas: uma introdução*, p. 32.

[134] No direito alemão, distingue-se entre informação reservada e informação sigilosa, mas é duvidoso que esta distinção tenha guarida na lei portuguesa. *Vide*, por exemplo, *per totum*, Florian Mader, *Der Informationsfluss im Unternehmensverbund*, Tubinga, 2016, p. 34.

âmbito específico da auditoria[135]. Tal não quer, naturalmente, dizer que o direito à informação do acionista corresponda a um direito à auditoria do acionista[136]. Aliás, na doutrina alemã, vários Autores assinalam que o âmbito da divulgação da informação ao acionista vendedor não deve ser o §131 AktG (informações em AG), mas *outra sede*[137].

2. Assentando que, para compreendermos os deveres da administração da visada perante uma auditoria, será importante reter o quadro geral do direito à informação do acionista no âmbito do Código das Sociedades Comerciais, comecemos por notar que o direito à informação é um direito essencial dos acionistas (artigo 21º, nº 1 c) do CSC), insuscetível de renúncia antecipada (cf. artigo 809º do Código Civil)[138]. É ainda um direito que, como nota Gerald Spindler, serve a titularidade da participação social, podendo o acionista pedir informação para fins individuais, não estando obrigado a cingir-se a informação relevante para o interesse societário, desde que respeite as fronteiras do dever de lealdade que lhe é reconhecido[139]. Entre as várias vertentes deste direito, destaca-se o chamado "direito coletivo à informação", exercitável por acionistas com ações representativas de mais de 10% do capital social.

Estabelece o artigo 291º do CSC o seguinte:

> Artigo 291º
> Direito coletivo à informação
> 1. Os acionistas cujas ações atinjam 10% do capital social podem solicitar, por escrito, ao conselho de administração ou ao conselho de administração executivo que lhes sejam prestadas, também por escrito, informações sobre assuntos sociais.

[135] A referência a um dever de informação e a um dever de sigilo ou reserva é comum (assim, Sven Schneider, *Informationspflichten und Informationssystemeinrichtungspflichten im Aktienkonzern*, Duncker und Humblot, Berlim, 2006, p. 51 ss, Florian Mader, *Der Informationsfluss*, p. 33 ss).

[136] Peter Hemeling, *Gesellschaftrechtliche Fragen*, p. 286 ss.

[137] Por todos, Ole Ziegler, *Due Diligence*, p. 252.

[138] No mesmo sentido, António Menezes Cordeiro, *Direito das Sociedades*, I, Coimbra, 2011, p. 732.

[139] Gerald Spindler *in* K. Schmidt/ Lutter (org.)/ AktG, 3ª ed., 2015, §131, n.m. 6.

2. O conselho de administração ou o conselho de administração executivo não pode recusar as informações se no pedido for mencionado que se destinam a apurar responsabilidade de membros daquele órgão, do conselho fiscal ou do conselho geral e de supervisão, a não ser que, pelo seu conteúdo ou outras circunstâncias, seja patente não ser esse o fim visado pelo pedido de informação.
3. Podem ser pedidas informações sobre factos já praticados ou, quando deles possa resultar a responsabilidade referida no nº 2 deste artigo, de atos cuja prática seja esperada.
4. Fora do caso mencionado no nº 2, a informação pedida nos termos gerais só pode ser recusada:
a) Quando for de recear que o acionista a utilize para fins estranhos à sociedade e com prejuízo desta ou de algum acionista;
b) Quando a divulgação, embora sem os fins referidos na alínea anterior, seja suscetível de prejudicar relevantemente a sociedade ou os acionistas;
c) Quando ocasione violação de segredo imposto por lei.
5. As informações consideram-se recusadas se não forem prestadas nos quinze dias seguintes à receção do pedido.
6. O acionista que utilize as informações obtidas de modo a causar à sociedade ou a outros acionistas um dano injusto é responsável, nos termos gerais.
7. As informações prestadas, voluntariamente ou por decisão judicial, ficarão à disposição de todos os outros acionistas, na sede da sociedade.

A informação mencionada na norma acabada de reproduzir pode respeitar a factos passados, presentes ou projetados[140] e pode ainda versar sobre qualquer matéria – operacional, económica, financeira, jurídica, comercial ou outra– relativa a negócios da sociedade[141], incluindo riscos de determinados negócios ou situações da vida societária e opções

[140] António Menezes Cordeiro, anotação ao artigo 291º, *Código das Sociedades Comerciais Anotado*, Almedina, Coimbra, 2009, p. 756.
[141] Veja-se já a interpretação de Raúl Ventura, *Novos Estudos sobre Sociedades Anónimas e Sociedades em Nome Coletivo*, Almedina, Coimbra, 2003 (reimpressão), p. 148 e mais recentemente Rui Cardona Ferreira, *Deveres de informação*, em *A Governação dos Bancos nos Sistemas Jurídicos Lusófonos*, Coimbra, 2016, (p. 187 ss), p. 197.

estratégicas da administração[142]. O direito coletivo à informação acolhe um modelo de informação amplo.

O direito à informação do acionista reveste uma natureza instrumental[143] e não pode ser entendido como uma forma de substituição da fiscalização da sociedade[144]. Além disso, é um direito que vive em tensão permanente com deveres, igualmente prementes, de reserva e de sigilo. Os casos de recusa de informação, em particular os casos contemplados no artigo 291º, nº 2, do CSC[145], exprimem essa realidade. Como nota Pais de Vasconcelos "informação e confidencialidade não são fáceis de conciliar e a lei tenta encontrar soluções equilibradas que permitam que os sócios tenham a informação necessária para suportar decisões responsáveis (...) sem prejudicar o segredo do comércio das sociedades (...)[146].

Também João Labareda exprime esta tensão quando salienta a existência de limitações atinentes "à razão e ao motivo do direito, restringindo-o quando razoavelmente se teme o seu desvirtuamento, sem que se verifiquem outras circunstâncias espcialmente poderosas que, não obstante, o imponham"[147].

Segundo o artigo 291º, nº 4, alínea a), do CSC, a informação pedida pelo acionista pode ser recusada "quando for de recear que o acionista a utilize para fins estranhos à sociedade e com prejuízo desta ou de algum

[142] Em termos análogos no direito alemão, onde a lei se refere também em termos amplos a "matérias" ou "assuntos da sociedade", Kurt Kiethe, *Das Recht des Aktionärs auf Auskunft über riskante Geschäfte (Risikovorsorge)*, NZG 2003, (p. 401 ss), p. 403.

[143] Notando esta caraterística como opinião comum, João Labareda, *Direito à informação*, em *Problemas de Direito das Sociedades*, Almedina, Coimbra, 2008 (reimp.), (p. 119 ss) p. 138. Contra, António Menezes Cordeiro, *Direito das Sociedades*, I, Almedina, Coimbra, 2011, p. 735. Em sentido próximo do texto, Raúl Ventura, *Sociedades por quotas*, I, p. 282, José Engrácia Antunes, *Direito das Sociedades*, Porto, 2013, p. 394.

[144] Considerando que os acionistas "não poderão *inundar* o órgão de administração com pedidos de informação que, na substância, equivalham a uma tentativa de proceder à respetiva fiscalização, substituindo-se indevidamente ao órgão com competência para o efeito", Carlos Osório de Castro, *Valores mobiliários. Conceito e espécies*, Porto, 1998, p. 91, nota 34.

[145] Rejeitando o caráter taxativo do preceito em causa, José de Oliveira Ascensão, *Direito Comercial*, IV, *Sociedades Comerciais – Parte Geral*, Lisboa, 2000, p. 320.

[146] Pedro Pais de Vasconcelos, *A participação social nas sociedades comerciais*, Almedina, Coimbra, 2005, p. 187.

[147] João Labareda, *Direito à informação*, p. 138.

acionista", de acordo com um juízo objetivo de probabilidade[148]. Se a divulgação da informação puder beneficiar um terceiro, mas não prejudicar a sociedade, nem os seus acionistas, não deverá ser recusada[149]. Não se requer um dano no sentido do artigo 562º do Código Civil, mas sim um juízo de probabilidade.

Depois, segundo o artigo 291º, nº 4, b), a informação pedida pode ser recusada "quando a divulgação, embora sem os fins referidos na alínea anterior, seja suscetível de prejudicar relevantemente a sociedade ou os acionistas". Também no direito alemão, a administração deve recusar a informação se a mesma, de acordo com a "ponderação comercial racional", puder causar à sociedade (ou a sociedade coligada) uma desvantagem que não seja insignificativa. No direito português, requer-se – mas só se requer – uma plausibilidade adequada de produção de uma desvantagem – não de um dano no sentido do artigo 562º e ss do Código Civil – para o interesse social ou para o interesse dos acionistas e uma apreciação objetiva por parte da administração.

A este respeito, admitindo uma análise custo-benefício, o Supremo Tribunal de Justiça já considerou o seguinte:

> "O interesse da sociedade em confronto com o interesse do acionista deve ser aferido em concreto e deve prevalecer sobre o direito à informação quando for de concluir que a prestação da informação prejudica mais a sociedade do que favorece o acionista que a requereu"[150].

A ponderação de situações conflituantes apresenta como particularmente problemáticos os casos em que a divulgação da informação implica a violação de um acordo de confidencialidade com um terceiro: em princípio, esta circunstância não deve, por si só, ser motivo de recusa da informação ao acionista[151].

---

[148] Cf. Alexandre Soveral Martins, anotação ao artigo 291º, *Código das Sociedades Comerciais em Comentário*, Coimbra, 2012, p. 220. Na jurisprudência, cf. Acórdão do TRP de 17 de dezembro de 2001, relator Caimoto Jácome.

[149] *Vide* o Ac. do STJ de 24 de abril de 2014, relator Oliveira Vasconcelos.

[150] Ac. do STJ de 24 de abril de 2014, relator Oliveira Vasconcelos.

[151] Assim, também Gerald Spindler *in* K. Schmidt/ Lutter (org.)/ AktG, 3ª ed., 2015, §131, n.m. 75.

Finalmente, de acordo com o artigo 291º, nº 4 c) do CSC, a informação pedida pelo acionista pode ser recusada "quando ocasione violação de segredo imposto por lei", como o segredo de justiça[152], o segredo de Estado[153] ou o sigilo bancário (cf. artigos 78º e 79º do RGICSF)[154].

A lei refere que a informação *pode* ser recusada. Resta saber se existem casos em que a informação *deve ser* recusada. A recusa de informação enquanto dever só pode resultar de uma ponderação perante o caso concreto, enquanto expressão dos deveres do administrador perante a sociedade (e os seus sócios) e da prevalência do interesse societário. A solução é semelhante no direito alemão, onde o *dever de sigilo* não resulta do §131 AktG, mas do §93 AktG ou da conjugação de ambos[155].

Antes de avançarmos, note-se ainda que o acesso à informação não deve abstrair da percentagem do capital social e da influência da sociedade requerente, sendo possível distinguir níveis de informação. Com efeito, como nota João Labareda, a percentagem do capital social é um "factor indiciário do empenhamento do sócio na sociedade, logo demonstrativo do interesse justificado em conhecer, com detalhe, o que a ela diz respeito"[156]. De notar ainda que, no caso de domínio total, o fundamento e o âmbito da pretensão da sociedade dominante a informação sobre a dominada dependem da compreensão da própria ideia de domínio e de influência[157]. A doutrina não converge num único sentido quanto a estes aspetos, mas não parece questionável a ideia de um poder mais intenso de acesso à informação por parte da sociedade dominante quando estão em causa informações sobre a gestão, tendo em vista a

[152] Sofia Ribeiro Branco, *O direito dos acionistas à informação*, Almedina, Coimbra, 2008, p. 383.

[153] Alexandre Soveral Martins, anotação ao artigo 291º, *Código das Sociedades Comerciais em Comentário*, p. 221.

[154] Com outros desenvolvimentos, António Menezes Cordeiro, *Direito bancário*, Almedina, Coimbra, 2014, p. 361 ss.

[155] Gerald Spindler *in* K. Schmidt/ Lutter (org.)/ AktG, 3ª ed., 2015, §131, n.m. 107.

[156] João Labareda, *Direito à informação*, p. 137.

[157] A chamada "teoria unitária" não pondera o interesse da sociedade individualmente, mas o interesse do grupo. A proteção do segredo seria analisada também no conjunto do grupo. Sobre esta posição, mas não aderindo à mesma, Florian Mader, *Der Informationsfluss*, pp. 36-37.

influência na dominada[158]. Dentro deste quadro geral, há quem considere que o sigilo e a reserva legalmente impostos para os casos gerais não seriam, por princípio, aplicáveis aos pedidos de informação por parte da sociedade dominante à sociedade dominada[159] e quem sustente que a prioridade do dever de informar da administração da dominada retirar-se-ia de uma ponderação concreta, baseada no fim da informação e na relação entre os preceitos legais que impõem o sigilo e os que dizem respeito aos poderes da sociedade dominante[160]. Em todo o caso, ambas as orientações parecem aceitar, no fundo, que será a *Leitungsfunktion* que está na base do pedido de informação, e não a qualidade de acionista, habilitando, assim, a sociedade dominante a um maior nível de informação[161].

3. Vejamos, agora, a decisão da administração da visada perante uma auditoria, a qual exige, refira-se desde já, uma ponderação com caráter objetivo, não se tratando de uma decisão subjetiva puramente discricionária[162]. Adiante-se, também, que, entre nós – como no direito alemão atual –, não parecer fazer sentido sustentar posições negativistas, como a de Lutter, para quem o administrador da visada não estaria legitimado para disponibilizar informação, uma vez que deveria assegurar neutralidade ao longo do processo de venda, da empresa ou da participação social, e que deveria, de certo modo, partir de uma posição de reserva ou de segredo, e não de divulgação[163]. Esta posição tem sido criticada, uma vez que seria conferir uma extensão ao dever de segredo que não teria cobertura na ideia de interesse societário[164]. Como nota Rothweiler,

[158] Sobre o assunto, enunciando as várias posições nos grupos de direito e nos grupos de facto, *vide* Stephan Rothweiler, *Der Informationsfluss vom beherrschten zum herrschenden Unternehmen im Gesellschafts- und Kapitalmarktrecht*, Francoforte, 2008, p. 36 ss e p. 46 ss.

[159] Martin Wittmann, *Informationsfluss im Konzern*, Peter Lang, Francoforte, 2008, p. 110 ss e p. 177, Peter Hemeling, *Gesellschaftrechtliche Fragen*, p. 288, Gerald Spindler *in* K. Schmidt/ Lutter (org.)/ AktG, 3ª ed., 2015, §131, n.m. 99.

[160] Florian Mader, *Der Informationsfluss*, p. 131 ss.

[161] Gerald Spindler *in* K. Schmidt/ Lutter (org.)/ AktG, 3ª ed., 2015, §131, n.m. 99.

[162] Assim, em geral quanto à informação, Martin Wittmann, *Informationsfluss im Konzern*, p. 26.

[163] Marcus Lutter, *Due Diligence des Erwerbers beim Kauf einer Beteiligung*, ZIP, 1997, p. 613 ss.

[164] Maximilan Rittmeister, *Gewährleistung beim Unternehmenskauf*, p. 108.

"não existe uma presunção geral no sentido da prioridade de um *Verschwiegenheitspflicht* (...)[165]". Também Müller salienta que "o dever de segredo não é um fim em si mesmo"[166].

4. Segundo outras posições, que ainda denotam um caráter defensivo da sociedade visada, o dever de segredo não é excluído, nem atenuado, a favor de um dever de informação prioritário no caso de venda da empresa ou da participação social, na medida em que o interesse do comprador e do vendedor não prevalecem sobre o interesse da sociedade. Esta posição, embora diferente da de Lutter, parece partir de um pressuposto de reserva ou sigilo e, embora sem negar uma concreta ponderação de interesses, parece reservá-la para casos de crise, em que a própria existência da sociedade é colocada em causa[167].

5. Note-se, ainda, que tem sido sustentado que a administração da visada não tem, por princípio, deveres específicos perante a sociedade adquirente, o que quer dizer que não está obrigada a colaborar, nem a prestar informações[168]. Sendo certo que não existe, à partida (isto é, antes de qualquer contacto), uma relação obrigacional entre a administração da visada e a adquirente (e a sua administração), a verdade é que a exclusão de um dever de colaboração pode levar a ignorar os interesses do acionista alienante. É por via da tutela dos interesses deste que podem reconhecer-se deveres à administração da visada.

6. A doutrina maioritária tem sustentado que a colaboração da administração da sociedade visada depende da ponderação dos riscos da *due diligence* para a sociedade, visando determinar se os benefícios da aquisição excedem, ou não, as desvantagens e a contingência da revelação de informação ao potencial adquirente[169]. Em termos gerais, pode concluir-

[165] Stephan Rothweiler, *Der Informationsfluss*, p. 212.

[166] Klaus Müller, *Gestattung der Due Diligence durch den Vorstand*, p. 3454.

[167] Parece-nos ser esta a posição sustentada por Sven Schneider, *Informationspflichten*, p. 56.

[168] Torsten Körber, *Geschäftsleitung der Zielgesselschaft und due diligence bei Paketerwerb und Unternehmenskauf*, NZG, 2002, p. 263 ss.

[169] Assim, Stephan Rothweiler, *Der Informationsfluss*, p. 210 ss, Ulrich Schroeder, *Darf der Vorstand der Aktiengesellschaft dem Aktienkäufer eine Due Diligence gestatten?*, Der

-se que, na generalidade dos casos, está em causa uma concretização da *business judgement rule* e do interesse societário[170].

Esta ponderação envolve o interesse da sociedade e *pode envolver* o interesse do grupo, se por exemplo se tratar de uma aquisição de uma sociedade dominada[171]. Se o interesse da dominante não estiver alinhado com o interesse da dominada, várias hipóteses poderão colocar-se, devendo, em todo o caso, a solução do caso concreto determinar-se em função da lealdade que intercede neste tipo de relações, nas suas várias vertentes.

Admite-se uma margem de ponderação, até certo ponto insindicável: a decisão da administração é, repita-se, uma decisão gestória[172]. Aliás, a própria decisão da administração não tem, naturalmente, de ser pautada por uma resposta de "tudo" ou "nada", podendo ser possível encontrar *graus de informação* a transmitir e compromissos entre os vários interesses em jogo[173].

À luz deste mesmo critério, há ainda quem note que o administrador da visada pode ter o *dever* de participar na *due diligence*. No exemplo de HÖLTERS, será esse o caso se estiver em causa uma entrada na sociedade através de um aumento de capital que vise evitar uma situação insolvencial[174].

7. Nesta ordem de ideias, será, em princípio necessário que a administração da visada faça um juízo sobre o projetado negócio. Segundo

Berater, 1997, p. 2161 ss, DANIEL BEISEL, *Due diligence*, p. 96, MAXIMILAN RITTMEISTER, *Gewährleistung beim Unternehmenskauf*, p. 105 ss, situando a ponderação no âmbito do §93 AktG, PETER HEMELING, *Gesellschaftrechtliche Fragen*, p. 278 ss, TORSTEN KÖRBER, *Geschäftsleitung der Zielgesselschaft*, p. 269 ss, KLAUS MÜLLER, *Gestatung der Due Diligence durch den Vorstand*, p. 3453 ss.

[170] DANIEL BEISEL, *Due diligence*, p. 96, GEORG SEYFAHRT, *Vorstandsrecht*, p. 353. Sobre o conceito de interesse social, PEDRO PAIS DE VASCONCELOS, *A participação social nas sociedades comerciais*, Almedina, 2005, p. 290 ss, PEDRO CAETANO NUNES, *Dever de gestão dos administradores das sociedades anónimas*, Almedina, Coimbra, 2012, p. 485 ss.

[171] STEPHAN ROTHWEILER, *Der Informationsfluss*, pp. 214-215.

[172] OLE ZIEGLER, *Due Diligence*, pp. 252-253.

[173] Assim, por exemplo, KLAUS MÜLLER, *Gestattung der Due Diligence durch den Vorstand*, p. 3452 ss, JAN MÖLLER, *Offenlegungen und Aufklärungspflichten beim Unternehmenskauf*, p. 844 ss.

[174] HÖLTERS em HÖLTERS/*Aktiengesetz*, 2017, 3ª ed, §93, n.m. 184.

algumas posições, é por aqui que tudo deve começar, avaliando se da aquisição podem resultar vantagens financeiras, tecnológicas, operacionais ou outras[175]. Realçam mesmo algumas teses que a ponderação da administração não é apenas acerca do perigo da revelação da informação (entendido enquanto suscetibilidade de criação de desvantagens para a sociedade visada), mas também acerca das oportunidades económicas e financeiras que a sociedade visada pode ter com a projetada aquisição[176]. Este ponto é delicado, dado que este exercício poderá converter-se, com alguma facilidade, numa forma de resistência ou de bloqueio da venda por parte da administração da visada, por razões de discordância sobre a oportunidade da mesma ou, pior, por razões pessoais da própria administração da visada. Quanto a este aspeto, é de salientar que a administração deve ponderar *todas as circunstâncias relevantes* do prisma do interesse social, mas não deverá orientar-se pelas suas considerações e preferências pessoais[177].

8. Pergunta-se se a administração da visada deve também fazer um juízo sobre a viabilidade e/ou firmeza do projetado negócio. Questiona-se: o envolvimento da administração da visada exigirá um certo grau de evolução das negociações, requerendo-se, por exemplo, uma manifestação concreta de interesse do adquirente ou mesmo a celebração de um contrato preliminar? Ou, pelo contrário, a administração da visada poderá/ deverá colaborar numa *due diligence* em que o adquirente seja apenas um potencial interessado? Haverá necessidade de uma carta de intenções?

A necessidade de reunir elementos que clarifiquem a necessidade da auditoria tem sido realçada pela doutrina, depondo no sentido da exigência de uma carta de intenções[178]. Segundo a orientação mais generalizada, as cartas de intenções visam sobretudo uma manifestação de propósitos, tendo em vista o início ou o desenrolar de negociações, em regra sem dar origem a um dever de celebração do contrato de compra e

[175] EUN-HE PARK, *Vorvertragliche Informationspflichten*, p. 67.

[176] SVEN SCHNEIDER, *Informationspflichten*, p. 56.

[177] GEORG SEYFAHRT, *Vorstandsrecht*, p. 354.

[178] HÖLTERS em HÖLTERS/AKTIENGESETZ, 2017, 3ª ed, §93, n.m. 186, PETER HEMELING, *Gesellschaftrechtliche Fragen*, p. 281, LUCA PICONE, *Trattative*, due diligence *ed obbligi informativi*, BBTC, 2004, I, (p. 234 ss), p. 259.

venda. Como nota LUTTER, na medida em que as cartas refiram um contrato a celebrar e deixem em aberto *essentialia* do negócio não poderão ser compreendidas como um acordo para conclusão do contrato definitivo[179]. Esta solução deve aceitar-se no direito português, à luz do artigo 232º do Código Civil.

Parece-nos que um mero interesse potencial genérico, sem negociações e sem acordos preliminares, permitirá duvidar, na falta de outros elementos, do dever de disponibilizar informação sobre a sociedade, ou pelo menos informação com certo nível de detalhe ou com certa natureza. Neste contexto, as cartas de intenções poderão constituir um elemento de maior segurança da existência de um propósito negocial firme, sobretudo se às mesmas estiverem associados *break up fees*.

Além da existência de acordos preliminares, a administração da visada deverá ponderar circunstâncias que possam conduzir a uma frustração do negócio, nomeadamente a falta de verificação de certas condições, como aprovação por parte de autoridade da concorrência ou concessão de financiamento por terceiro[180]. Um caso particularmente complexo é, ainda, o da existência de direitos dos demais acionistas, nomeadamente direitos de preferência ou de preemção na venda das ações. Não quer isto dizer que a sujeição do negócio à autorização ou ato de terceiro seja uma razão que justifique *a priori* uma recusa de informação, mas a elevada probabilidade de frustração do negócio deve ser ponderada enquanto elemento conformador do nível de informação a disponibilizar.

9. A administração da visada pode ser confrontada com um pedido de auditoria por duas empresas diferentes, com possíveis propostas concorrentes. O problema deve, quanto a nós, ser analisado à luz dos parâmetros de ponderação gerais acima identificados nos pontos anteriores[181].

[179] MARCUS LUTTER, *Der Letter of Intent*, Carl Heymanns, Colónia, 1998, 3ª ed., p. 37.

[180] PETER HEMELING, *Gesellschaftrechtliche Fragen*, p. 280.

[181] Sendo a visada uma sociedade admitida à negociação em mercado regulamentado, o problema pode revestir outros contornos, questionando-se, designadamente, se deve ser observado um tratamento paritário entre potenciais investidores. Sobre o problema, pode ver-se HOLGER FLEISCHER, *Konkorrenzangebote und Due Diligence*, ZIP, 2002, p. 651 ss.

Já a circunstância de a sociedade interessada na aquisição ser uma concorrente da sociedade visada não deverá, por si só, ser um motivo de exclusão da auditoria. Novamente, a decisão deve ser equacionada à luz dos critérios referidos nos pontos anteriores. Não obstante, segundo algumas opiniões, neste caso aconselhar-se-á a intervenção de um terceiro, designadamente um auditor, que possa elaborar um relatório sem revelar informação estratégica[182].

10. Se parte da informação objeto da auditoria for disponibilizável, mas sensível, a administração da visada deve exigir a assinatura de um acordo de confidencialidade por parte do potencial adquirente, nos termos do qual este se obrigue a guardar segredo sobre a informação consultada e a disponibilizá-la a apenas certas pessoas autorizadas[183]. Se existirem dúvidas, a solução possível também aqui será fazer intervir um terceiro que indique se certa circunstância se verifica, ou não. Por exemplo, se não for possível divulgar o específico preço de venda de certo fornecimento, pode um terceiro, sob reserva de confidencialidade, atestar que o preço de venda está entre certos parâmetros ou corresponde a um valor de mercado.

11. Sendo o conselho de administração um órgão colegial, a decisão de recusa ou de concessão de informação e de realização de auditoria apresentada ao órgão deverá, em princípio, ser objeto de uma deliberação colegial[184], pela maioria exigível[185]. Contudo, a decisão não dependerá, em princípio e na falta de disposição contratual em contrário, do

[182] Marcus Lutter, *Due Diligence des Erwerbers*, p. 615.
[183] NK-BGB/Büdenbender (3ª ed., 2016), anexo III aos §433-480, n.m. 8. Aludindo à existência de um dever contratual de confidencialidade como requisito geral, Luca Picone, *Trattative,* due diligence *ed obbligi informativi*, BBTC, 2004, I, (p. 234 ss), p. 259. Entre nós, em sentido análogo, aludindo a um "dever de confidencialidade" do adquirente, José Engrácia Antunes, *A empresa como objeto de negócios*, p. 773.
[184] Assim, Georg Seyfahrt, *Vorstandsrecht*, p. 353.
[185] Não nos parece que a ideia de uma presunção de segredo obrigue a unanimidade. Contudo, o ponto tem suscitado alguma discussão – cf. Klaus Müller, *Gestattung der Due Diligence durch den Vorstand*, p. 3455 .

consentimento prévio do órgão de fiscalização e, aliás, enquanto decisão gestória, não deverá ser transferida para o órgão de fiscalização[186].

12. Se a administração da visada conceder a informação, pode perguntar-se se a norma do artigo 291º, nº 7, do CSC, segundo o qual as informações prestadas, voluntariamente ou por decisão judicial, ficarão à disposição de todos os outros acionistas, na sede da sociedade, terá alguma influência neste caso. Esta norma pode ser explicada como regra de tutela da igualdade entre acionistas, à semelhança de preceitos análogos de outros países[187], ou de tutela de minorias[188], podendo questionar-se se a mesma pode, ou deve, ser interpretada restritivamente. Na nossa opinião, uma vez que a lei exige participação de 10% no capital social para justificar o exercício do direito coletivo à informação, parece que não se deve entender que o artigo 297º, nº 1, justifica, sem outras ponderações, um indiscriminado acesso à informação por parte de quaisquer acionistas. Entendemos, por isso, que, nos casos em que o modelo de concessão e de recusa de informação do artigo 291º se aplique, deve o escrutínio ser feito para transmitir informação *a qualquer acionista* que se apresente nessa qualidade. Não obstante, será também de admitir que certos casos não estejam sujeitos à norma do artigo 291º. No domínio geral, são várias as teses que aludem a uma restrição da ideia de tratamento igualitário do acionista. Por exemplo, na Alemanha, perante o §131 AktG (informações a prestar na AG) tem-se entendido que, se o acionista requerente da informação for uma sociedade dominante, a informação será solicitada num outro âmbito, não sendo devida igual informação ao acionista minoritário[189]. Também no caso de

[186] Torsten Körber, *Geschäftsleitung der Zielgesselschaft*, p. 268.

[187] No direito alemão, Hüffer/Koch, *Aktiengesetz*, 11ª ed., 2014, §131, n.m. 36, Ole Ziegler, *Due Diligence*, p. 254.

[188] Alexandre Soveral Martins, anotação ao artigo 291º, *Código das Sociedades Comerciais em Comentário*, p. 224.

[189] *Vide*, por exemplo, Peter Hemeling, *Gesellschaftrechtliche Fragen*, p. 288, Gerald Spindler *in* K. Schmidt/ Lutter (org.)/ AktG, 3ª ed., 2015, §131, n.m. 99. Também já se entendeu que a questão do domínio releva quanto ao direito de informação do acionista dominante na venda da empresa. Por exemplo, Körber, partindo do pressuposto de que não há dever algum de colaboração e disponibilização de informação, considera que só excecionalmente é que a administração da visada deverá fornecer informação

alienação, poderá entender-se que o acionista solicita a informação para um propósito específico (e que é escrutinado e objetivamente apreciado pela administração), não devendo aplicar-se o artigo 291º, nº 7. Se seguirmos esta orientação, o resultado será o seguinte: se um acionista pretende alienar a sua participação social e para o efeito pedir determinada informação, a igualdade entre acionistas deverá significar que um outro acionista deverá ser tratado nas mesmas condições e de acordo com os mesmos critérios, se solicitar informações à administração, tendo em vista a venda[190].

13. No caso da alienação de participações acionistas de controlo, os problemas acabados de examinar tenderão a esbater-se. Com efeito, havendo influência dominante, o sócio controlador poderá "agir sobre o governo da sociedade"[191], podendo escolher a administração e destitui-la *ad nutum*.

14. Na hipótese de recusa de informação, há que apreciar as consequências da recusa no plano das relações administração-sócio, no plano da administração sociedade e no plano das relações entre comprador e vendedor[192]. *No primeiro plano*, haverá que apurar a licitude da recusa e, sendo o caso, a possível responsabilidade da administração perante os sócios, ao abrigo do artigo 79º do CSC[193], pelo dano causado ao sócio

ao próprio acionista alienante, na medida em que o §131 AktG (que se refere a informações em assembleia geral) não se adequa, formal, nem materialmente, ao caso da alienação da empresa. A situação será já diferente se estiver em causa a venda de uma empresa dominada, na medida em que o direito à informação do acionista se colocaria, neste caso, no âmbito do §308 AktG – Torsten Körber, *Geschäftsleitung der Zielgesellschaft*, p. 265.

[190] Stephan Rothweiler, *Der Informationsfluss*, p. 234. Em sentido análogo, Peter Hemeling, *Gesellschaftrechtliche Fragen*, pp. 288-289.

[191] Cf. Ana Perestrelo de Oliveira, *Manual de Grupos de Sociedades*, p. 43.

[192] Outra temática, da qual não cuidaremos, é dos efeitos e conjugação entre a aquisição da empresa e o seguro de "D&O" – sobre o problema pode ver-se Fabian Osswald, *Die D&O-Versicherung beim Unternehmenskauf. Auswirkungen eines Unternehmenskaufs und einer Verschmelzung auf den D&O-Versicherungsschutz*, Duncker und Humblot, Berlim, 2009, p. 68 ss.

[193] Sobre a responsabilidade do administrador perante terceiros por culpa *in contrahendo*, *vide* Ana Perestrelo de Oliveira, *Manual de Governo das Sociedades*, p. 279 ss.

que se acha impedido de alienar as ações ou de as alienar por certo valor ou com certas condições[194]. *No segundo plano*, haverá que apurar a possível responsabilidade da administração perante a sociedade[195], ao abrigo do artigo 72º do CSC, caso se verifiquem danos na esfera desta[196]. *No terceiro plano*, a recusa de realização de *due diligence* por parte da administração da visada poderá constituir uma causa justificativa de rotura de negociações[197]. Com efeito, a inacessibilidade a determinadas informações pode implicar a insuscetibilidade de uma tomada de decisão informada e esclarecida por parte da administração da sociedade compradora. Só assim não será quando o caráter irrisório do preço e a natureza insignificante do risco tornem indiferente a ponderação das contingências relativas à sociedade visada. Em certos casos (pouco frequentes), ainda pode haver responsabilidade da administração perante terceiros (artigo 79º do CSC).

Os planos acabados de referir podem naturalmente cruzar-se: basta pensar na culpa *in contrahendo* do administrador enquanto terceiro interveniente na venda (situação que, contudo, não será frequente na venda de participações acionistas de controlo, havendo alinhamento entre a posição da administração e a posição do acionista controlador).

[194] Segundo o artigo 79º, nº 1 CSC, "os gerentes ou administradores respondem também, nos termos gerais, para com os sócios e terceiros pelos danos que diretamente lhes causarem no exercício das suas funções".

[195] De acordo com o artigo 72º, nº 1 CSC: "os gerentes ou administradores respondem para com a sociedade pelos danos a esta causados por atos ou omissões praticados com preterição de deveres legais ou contratuais, salvo se provarem que procederam sem culpa". Sobre a responsabilidade dos administradores perante a sociedade, cf. António Menezes Cordeiro, *Da responsabilidade civil dos administradores das sociedades comerciais*, Lex, Lisboa, 1997, p. 471 ss, Ana Perestrelo de Oliveira, *Manual de Governo das Sociedades*, p. 266 ss, Paulo Olavo Cunha, *Direito das Sociedades Comerciais*, Almedina, Coimbra, 2016, p. 848 ss.

[196] Sobre estes *vide* Manuel Carneiro da Frada, *Danos societários e governação de sociedades (corporate governance)*, *Forjar o Direito*, p. 363 ss, em particular p. 378 ss sobre o cálculo e a prova dos mesmos.

[197] Outros fatores podem, naturalmente, concorrer no sentido da irresponsabilidade da parte que rompe as negociações. Segundo Beisel, a rotura apenas releva se for certa a conclusão do contrato, podendo as partes, na falta de criação de uma confiança justificativa e imputável, poder romper as negociações, porque entendem conseguir um melhor negócio ou porque lhes foi proposto um melhor negócio – cf. Daniel Beisel, *Due diligence*, p. 6 ss.

15. Assim enquadrados os problemas da auditoria e do acesso à informação, passamos a examinar, no próximo ponto, os efeitos das chamadas "declarações e garantias" e outras matérias associadas e analisaremos, depois disso, os possíveis meios de reação do comprador perante um desvio ao programa obrigacional.

3. "Garantias" ("*warranties*")

3.1. Noção, funções e tipos

1. As "garantias" correspondem às *warranties* inglesas (e às *Garantien* alemãs), isto é, à promessa de que um estado de coisas existe, através da fixação de caraterísticas ou qualidades de certo bem, ou conjunto de bens, de certo negócio ou de certa situação jurídica[198], conferindo ao comprador direitos adicionais em relação ao catálogo legal[199]. Não se trata, naturalmente, de garantias das obrigações, em sentido técnico, mas pode reconhecer-se a ideia geral de previsão de uma frustração ou de acautelar um insucesso (ainda que dependendo dos específicos contornos do acordo negocial)[200].

A sua inclusão em contratos de compra e venda de participações acionistas de controlo está associada à insatisfação que se regista com o

[198] Pode também ver-se Adam Kramer, *The Law of Contract Damages*, Oxford, 2014, p. 220, Gerhard Wächter, *M&A Litigation. M&A Recht im Streit*, RWS, Colónia, 2014 (2ª edição), p. 134 ss, Ulrich Huber, *Die Praxis des Unternehmenskaufs*, p. 204 ss, Frank Weisshaupt, *Haftung und Wissen beim Unternehmenskauf – über Gestaltungsspielräume im M&A-Recht*, WM 2003, p. 782 ss, Miguel Gimeno Ribes, *La protección del comprador*, p. 199.

[199] Roland Michael Beckmann, *Kauf*, *in* Staudinger/Eckpfeiler, 2014, n.m. 130.

[200] Sobre as ideias de previsão da frustração no contexto de (verdadeiras) garantias, Carlos Ferreira de Almeida, *Texto e enunciado na teoria do negócio jurídico*, vol. I, Almedina, Coimbra, 1992, p. 558 ss.

regime aplicável, nomeadamente no que respeita à resolução (em regra, indesejada e indesejável) e à redução do preço (complexa e incerta)[201].

Além disso, juntamente com *covenants* e com cláusulas de adaptação do preço, as garantias visam, muitas vezes, "assegurar" uma determinada equivalência entre prestação e contraprestação[202].

2. É frequente a distinção entre "declarações" ("*representations*") e "garantias" ("*warranties*"). Nas palavras de ENGRÁCIA ANTUNES, "em sentido estrito as *representations* distinguem-se das *warranties*: ao passo que as primeiras constituem fundamentalmente declarações que atestam o estado de facto da empresa societária à data da conclusão do contrato, as últimas visam criar obrigações recíprocas entre as partes relativamente a um conjunto de matérias ou aspectos dessa empresa após aquela conclusão"[203].

Pode distinguir-se ainda garantias "legais" e garantias "económicas", consoante digam respeito a aspetos jurídicos ou aspetos económicos da empresa ou das participações sociais[204]. As "garantias" serão mais frequentes, e mais intensas, no caso de venda de participação acionista de controlo, mas não estão excluídas nas hipóteses de venda de participações minoritárias.

As "garantias" podem dizer respeito a bens, dívidas, fornecedores, litígios, contratos, impostos, seguros, licenças, rentabilidade, balanço, etc. O problema essencial não residirá no objeto, mas no sentido da estipulação contratual, isto é, na conclusão de que certa cláusula contempla efetivamente uma "garantia", e não uma mera "informação".

A compreensão da relevância e do sentido último das "declarações" e das "garantias", extraídas de um "ambiente conceptual" (ou, melhor dizendo, de um "ambiente funcional") anglo-saxónico, exige algumas clarificações de direito das obrigações continental. Tanto mais que, como notam MEYER e LÖWE, saber qual o conteúdo de uma específica garantia

[201] Em sentido análogo, CHRISTOPHER RUDOLF MELLERT, *Selbständige Garantien*, p. 1667.

[202] MAX KLEISSLER, *Die Bilanzgarantie: eine Betrachtung von Tatbestand und Rechtsfolgen nach einem Urteil des OLG Frankfurt a.M., NZG 2017*, p. 532.

[203] JOSÉ ENGRÁCIA ANTUNES, *A empresa como objeto de negócios*, p. 783.

[204] FÁBIO CASTRO RUSSO, *Das cláusulas de garantia nos contratos de compra e venda de participações sociais de controlo*, p. 123 ss.

e se a mesma foi, ou não, violada constitui, em regra, o centro de uma disputa "post M&A"[205].

3. Neste âmbito, será útil começar por retomar a diferenciação, traçada pela doutrina alemã, entre "garantias autónomas ou independentes" e "garantias não autónomas ou dependentes"[206]. As primeiras representam um acordo contratual *per se* e, portanto, compreendem a promessa de um certo resultado ao respetivo credor; as segundas apenas têm em vista modificar ou adaptar certos meios de reação do comprador, incluindo a exclusão uma responsabilidade fundada em culpa[207]. A generalidade das "garantias autónomas" corresponde a "um acordo autónomo (...) através do qual o vendedor aceita uma responsabilidade independente de culpa perante determinadas circunstâncias factuais, jurídicas ou económicas presentes ou futuras"[208]. Por vezes "autonomia" também surge referida no sentido de que tais garantias excluem, ainda, o regime jurídico da venda de coisas defeituosas, sendo a desconformidade regulada pelas consequências contratualmente previstas.

4. A ausência de "garantias" não implica uma ausência de tutela jurídica[209]. A garantia é um *reforço* da tutela do credor. É, por isso, muito duvidoso que se possa falar de um dever de solicitar "declarações e garantias". Assim, se, por exemplo, o comprador não solicitar "declarações

[205] ANDREAS H. MEYER/ LÖWE, *Allgemeine Rahmenregelungen zu Garantien in Unternehmenskaufverträgen, in Handbuch Streitigkeiten beim Unternehmenskauf, M&A Litigation*, org. Kim Lars Mehrbrey, Carl Heymanns Verlag, Colónia, 2018, (p. 566 ss), p. 571.

[206] A maioria dos problemas que analisaremos também se colocam no caso de existir uma "*warranty and indemnity insurance*" – sobre esta figura, ainda pouco utilizada tanto na Alemanha como em Portugal, pode ver-se KLAUS HOENIG, SEBASTIAN KLINGEN, *Die W&I-Versicherung beim Unternehmenskauf*, NZG 2016, p. 1244 ss.

[207] STAUDINGER/ BECKMANN, 2014, §453, n.m.108, ULRICH HUBER, *Die Praxis des Unternehmenskaufs*, p. 205 ss, CHRISTOPHER RUDOLF MELLERT, *Selbständige Garantien*, p. 1667 ss, ROLAND MICHAEL BECKMANN, *Kauf, in* Staudinger/Eckpfeiler, 2014, n.m. 131.

[208] ANDREAS H. MEYER/ LÖWE, *Allgemeine Rahmenregelungen zu Garantien*, p. 571.

[209] No direito espanhol, em termos diversos do texto, considerando que a função da "garantia" é responsabilizar um vendedor que de outro modo não seria responsabilizado, pelo facto de as contingências dizerem respeito à empresa, e não às ações, CARRASCO PERERA, *Manifestaciones y garantías y responsabilidad por incumplimiento*, em *Fusiones y adquisiciones de empresas*, Thomson Aranzadi, 2004, (p. 257 ss), pp. 266-267.

e garantias" sobre a inexistência de dívidas, além das retratadas nos documentos financeiros, caberá indagar se a dívida em causa deveria ter sido informada, ou não. Tal indagação deverá concretizar-se mediante apelo aos vários elementos e fatores que conformam os deveres de informação pré-contratuais (*vide supra* ponto 2.1. número 6 e seguintes). Acresce que, para solicitar uma "declaração" ou "garantia", o comprador deve ter o mínimo de informação, o que, na situação concreta, pode também não suceder.

3.2. Informação, "garantia" e risco

1. É igualmente importante diferenciar entre informação e "garantia"[210]. Nem toda a informação é garantia e é fundamental não forçar "conversões artificiais", à custa de ficções de vontade.

Uma breve incursão pelo Código alemão fornece algumas pistas interessantes sobre esta diferenciação. O §276 do BGB prevê uma responsabilidade independente de culpa, nos casos em que há aceitação de uma "garantia" (*Garantie*)[211]. Depois, no âmbito do §434/1 BGB, uma "garantia" corresponderá a um acordo contratual através do qual os direitos do comprador em virtude de venda defeituosa são reforçados em comparação com os seus direitos legais. Através da "garantia", fica dispensada, ou facilitada, a discussão em torno do conceito de defeito em sentido objetivo, uma vez que as partes qualificam a falta de certas qualidades negociais como vício contratualmente relevante[212]. O ponto essencial da discussão situa-se, porém, na diferenciação entre alusões às caraterísticas ou às qualidades dos bens e verdadeiras "garantias"[213]. Segundo STÖBER, existirá garantia se existirem informações relativas à qualidade dos bens e um comprador cuidadoso puder retirar das declarações do vendedor que este assegurava determinadas caraterísticas, independentemente

[210] ARNDT STENGEL / FRANK SCHOLDERER, *Aufklärungspflichten beim Beteiligungs- und Unternehmenskauf*, p. 158 ss.

[211] No direito alemão, distingue-se entre o acordo sobre a qualidade do bem para efeitos do §434/ 1 BGB e a garantia de qualidades do bem nos termos do §276 BGB.

[212] FRANK WEISSHAUPT, *Haftung und Wissen beim Unternehmenskauf*, p. 782.

[213] WOLFGANG WEITNAUER, *Der Unternehmenskauf nach neuem Kaufrecht*, NJW, 2002, (p. 2511 ss), p. 2515.

de culpa[214]. LOOSCHELDERS, por seu turno, salienta que, para se concluir existir uma garantia, é necessário que o vendedor tenha transmitido, de forma expressa ou tácita, que pretende responder incondicionalmente pela existência de determinadas qualidades do bem[215]. Na venda da empresa, seria fundamental consagrar com clareza as "garantias", reforçando o seu caráter e mesmo qualificando-as[216].

Também no direito português, a distinção entre uma "garantia" e uma informação ou declaração que não "garante" é, em primeira linha, um problema de interpretação da declaração de vontade (artigos 236º e seguintes do Código Civil)[217]. Além das "garantias" haverá "metagarantias" ou indicações relativas à relevância das garantias[218] e, dentro das "verdadeiras garantias", há que determinar o respetivo caráter, objetivo ou subjetivo, fraco ou forte, e o respetivo âmbito.

Em regra, as garantias são expressas. Mas não ficam naturalmente excluídas "garantias tácitas", havendo quanto a estas apenas que recordar (cf. artigo 217º) que não basta uma *mera verosimilhança* e que "só é legítimo descobrir declarações negociais, ainda que tácitas, quando haja verdadeira vontade, dirigida aos efeitos e minimamente exteriorizada, ainda que de modo indirecto"[219]. Nos casos em que não haja dúvidas acerca da existência de uma declaração, haverá, ainda, que interpretar o seu sentido, de modo a poder apurar-se o seu verdadeiro caráter de *garantia*. E o que acabamos de dizer para a "garantia" pode também valer para a "exclusão da garantia"[220].

[214] MICHAEL STÖBER, *Beschaffenheitsgarantien des Verkäufers*, Duncker & Humblot, Berlim, 2006, p. 329.

[215] DIRK LOOSCHELDERS, *Beschaffenheitsvereinbarung, Zusicherung, Garantie, Gewährleistungsauschluss*, in *Das neue Schuldrecht in der Praxis*, org. Barbara Dauner-Lieb/ Horts Konzen/ Karsten Schmidt, Carl Heymanns Verlag, Colónia, 2003, (p. 395), p. 402.

[216] RALF BERGJAN, *Die Auswirkungen der Schuldrechtsreform*, p. 323 ss.

[217] Em sentido próximo, PAULO MOTA PINTO, *Interesse*, II, p. 1452. Uma posição bastante divulgada na Alemanha considera que pode haver "garantia" sobre qualidades do bem se existir criação de uma situação de confiança no comprador, mesmo que sem acordo – *vide* STEFAN KIRSTEN, *Verschuldensunabhängige*, p. 62 e 264 ss, MICHAEL STÖBER, *Beschaffenheitsgarantien*, p. 91 ss.

[218] CARRASCO PERERA, *Manifestaciones y garantías y responsabilidad por incumplimiento*, p. 279.

[219] ANTÓNIO MENEZES CORDEIRO, *Tratado*, I, I, pp. 544-545.

[220] Vejam-se os exemplos de MANUEL CARNEIRO DA FRADA, *Contrato e deveres de protecção*, p. 84, nota 161, do comprador de um relógio a um vendedor ambulante e do ven-

Não é esta a sede própria para discorrermos sobre o sentido das regras de interpretação dos negócios jurídicos. Não obstante, parece-nos útil consignar algumas observações, com relevo quanto à diferenciação entre "garantia" e "informação".

2. Um *primeiro ponto* prende-se com os critérios de interpretação. Conforme reconhece a doutrina dominante, o Código Civil (artigo 236º, nº 1) acolhe um modelo objetivista baseado na teoria da impressão do destinatário, de acordo com o qual "releva o sentido que seria considerado por uma pessoa normalmente diligente, sagaz e experiente em face dos termos da declaração e de todas as circunstâncias situadas dentro do horizonte concreto do declaratário"[221]. A jurisprudência salienta que "a normalidade do declaratário, que a lei toma como padrão, exprime-se não só na capacidade para entender o texto ou conteúdo da declaração, mas também na diligência para recolher todos os elementos que, coadjuvando a declaração, auxiliem a descoberta da vontade real do declarante"[222] e, como nota Manuel Carneiro da Frada, o critério do declaratário normal sofre algum desajustamento em certos casos, como o das pessoas coletivas, em que deve pressupor-se um "horizonte hermenêutico específico, profissional"[223]. Se o declaratário não for diligente, não for sequer um "declaratário normal", o negócio é interpretado como se essa normalidade existisse: embora não valendo a regra *contra proferentem*, o declaratário tem um ónus de compreensão, sob pena de desvantagem[224]. Do mesmo lado, quanto ao declarante, há que aceitar a sua responsabilidade pelo sentido objetivo da sua conduta.

dedor de um automóvel usado como casos ilustrativos de situações em que o regime da responsabilidade por vícios do bem pode, mesmo sem que haja um "acordo tácito de exclusão da responsabilidade ou da obrigação de reparação" ser sujeito a uma conformação baseada numa "heteronomia maleável".

[221] Carlos Mota Pinto, *Teoria geral do direito civil*, 4ª edição por António Pinto Monteiro e Paulo Mota Pinto, Coimbra editora, Coimbra, 2005, p. 444.

[222] Acórdão do STJ de 10 de outubro de 2011, relator Gregório Silva Jesus, precisamente num contexto de aquisição de empresas.

[223] Manuel Carneiro da Frada, *Sobre a interpretação do contrato*, em *Forjar o Direito*, Almedina, 2015, p. 15.

[224] Em sentido análogo, António Menezes Cordeiro, *Tratado de Direito Civil português*, vol. II, *Parte geral. Negócio jurídico*, Almedina, Coimbra, 2014, com a colaboração de A. Barreto Menezes Cordeiro, (4ª ed.), p. 729.

3. Um *segundo ponto* respeita ao específico objeto da interpretação. É que muitos dos contratos de venda de participações sociais formam-se segundo um modelo de contratação conjunta, isto é, através de um documento único de subscrição conjunta, e não através de um modelo de proposta e de aceitação[225]. Como salienta Oliveira Ascensão, estas hipóteses exigem "uma moldagem muito especial dos princípios da interpretação"[226].

4. Um *terceiro aspeto* respeita às circunstâncias atendíveis na interpretação. A doutrina tem salientado que há que ponderar vários elementos. António Menezes Cordeiro evidencia "a letra do negócio, os textos circundantes, os antecedentes e a prática negocial, o contexto, o objetivo em jogo, elementos jurídicos extra-negociais"[227]. Eduardo Santos Júnior também realça que "para além da declaração e exterior a ela, existe todo um conjunto de circunstâncias – anteriores ao negócio, concomitantes dele ou posteriores a ele – que o intérprete não pode deixar de considerar"[228].

Em particular, é de realçar o papel das negociações, como reconhece o STJ[229] e tem também perfilhado a doutrina, mesmo além fronteiras[230].

A doutrina tem aceitado que a conduta das partes posterior à conclusão do negócio é, também, um elemento a considerar[231], o que pode ser relevante sempre que a conclusão dos contratos de transmissão de participações acionistas envolva atos sucessivos, diferidos ou de exe-

[225] Sobre o modelo de contratação conjunta em contratos comerciais, cf. José Engrácia Antunes, *Direito dos Contratos Comerciais*, Almedina, Coimbra, 2015 (reimp.), p. 132 ss.

[226] José Oliveira Ascensão, *Direito Civil. Teoria Geral*, vol. II, Coimbra Editora, Coimbra, 2003 (2ª ed.), p. 184.

[227] António Menezes Cordeiro, *Tratado*, II, p. 718.

[228] Eduardo Santos Júnior, *Sobre a teoria da interpretação dos negócios jurídicos*, AAFDL, 1988, pp. 191-192.

[229] Por exemplo, Acórdão do STJ de 5 de julho de 2012, relator António Joaquim Piçarra.

[230] *Vide* Mark Andre Czarnecki, *Vertragsauslegung und Vertragsverhandlungen. Eine rechtsvergleichende Untersuchung*, Mohr Siebeck, Tubinga, 2016, em particular p. 127 ss.

[231] José Oliveira Ascensão, *Direito Civil. Teoria Geral*, II, 2ªed., Coimbra Editora, Coimbra, 2003, p. 175, António Menezes Cordeiro, *Tratado*, II, p. 724 ss, Manuel Carneiro da Frada, *Sobre a interpretação do contrato*, em *Forjar o Direito*, Almedina, 2015, p. 20, Rui Pinto Duarte, *A interpretação dos contratos*, Almedina, Coimbra, 2016, p. 59 ss.

cução. Contudo, estas circunstâncias contextuais, anteriores e posteriores ao negócio, podem perder a sua normal relevância, caso as partes fixem regras que introduzam desvios ao modelo emergente da lei civil. Poderá ser o caso das chamadas cláusulas de "*whole agreement*" ou "*entire agreement*"[232], nos termos as quais as partes acordam na irrelevância de outros elementos que não o texto do acordo, muito embora tais cláusulas não devam ter o sentido de excluir o próprio exercício interpretativo, enquanto momento da aplicação do direito.

5. Em vários casos, o processo interpretativo permitirá concluir que as "garantias" acordadas constituem "atributos da empresa, que do ponto de vista do comprador são relevantes para a fixação do valor e em que se baseiam as suas expectativas"[233]. Se o resultado for outro, poderá haver uma informação ou indicação prestada pelo vendedor ao comprador, mas não uma "garantia".

6. Outra pergunta que se pode colocar respeita a saber se a interpretação do conteúdo de uma "verdadeira garantia" conhece alguma especificidade. No fundo, trata-se de questionar se as estipulações que implicam a assunção de um risco estão sujeitas a alguma particularidade interpretativa. Não se vê defendido, nem se entende ser de defender, uma desaplicação das normas da lei civil quando o *tipo* de estipulação anuncia um especial risco. Não obstante, a aplicação das regras do Código Civil deve ser hábil o suficiente para alcançar soluções materialmente adequadas. Quanto a este aspeto, recordamos que a fronteira entre o artigo 236º e o artigo 237º não é rígida e que juízos de justiça, equilíbrio e razoabilidade devem ser atendidos no âmbito do artigo 236º, e não apenas no artigo 237º[234]. A fronteira entre determinação do sentido e dúvida insanável na prática da realização do direito é incerta, havendo, muitas vezes, dúvidas sanáveis, mas dificilmente resolúveis à luz de um estrito critério de impressão do declaratário. Isto não quer,

[232] Uma formulação possível será esta: "*this Agreement constitutes the whole and only agreement between the Parties relating to the subject matter of this Agreement. The Parties expressly waive any of the provisions of any other agreements entered into between them insofar as any such provisions may be contrary or conflict with the provisions of this Agreement*".

[233] A descrição funcional da "garantia" é de MAX KLEISSLER, *Die Bilanzgarantie*, p. 532.

[234] *Idem*, p. 16.

naturalmente, dizer que a aplicação do artigo 237º deva ser "forçada", devendo, aliás, notar-se que a função desta norma é limitada e certamente não é a de um fundamento geral de reposição do equilíbrio entre prestação e contraprestação[235], mas de um critério supletivo (que nem sequer se aplica a todas as cláusulas de contratos onerosos) de apoio à superação de dúvidas.

3.3. "Garantia" e culpa

1. Recentemente, o Supremo Tribunal de Justiça pronunciou-se sobre o valor destas *garantias* em contratos de venda de empresa, considerando, na esteira de Fábio Castro Russo[236], o seguinte[237]:

> "o devedor (o vendedor) responde pelas eventuais divergências entre o que declara e a realidade haja o que houver, ou seja, o vendedor assume plenamente o risco da não verificação da situação garantida, independentemente de culpa da sua parte, o que é admissível à luz da liberdade contratual (art. 405º do CC)".

2. Observando ainda a decisão do STJ, parece-nos importante salientar que a ideia da incondicionalidade (haja o que houver), afirmada pelo Tribunal, não deverá servir para dispensar uma interpretação do contrato, nem para firmar um caráter absoluto de responsabilidade objetiva. A independência de culpa não dispensa o recorte exato do âmbito em que a responsabilidade objetiva se movimenta: entre uma responsabilidade objetiva pura, impura e impuríssima[238]. Além disso, a relação entre

[235] Assim, Rui Pinto Duarte, A *interpretação*, p. 57.

[236] Fábio Castro Russo, *Das cláusulas de garantia nos contratos de compra e venda de participações sociais de controlo*, p. 132 ss.

[237] Ac. do STJ de 1 de março de 2016, relator Fernandes do Vale.

[238] Nuno Pinto Oliveira distinguiu entre cinco "tipos empíricos": uma responsabilidade subjetiva *pura*, "por culpa provada", uma responsabilidade subjetiva *impura* "por culpa presumida, em que o lesante não responde pelos danos desde que prove que adoptou o cuidado ou a diligência de uma pessoa normal", uma responsabilidade objetiva *impuríssima*, "em que o lesante só não responde desde que prove que adoptou o cuidado ou a diligência de uma pessoal ideal", uma responsabilidade objetiva *impura* "em que o

a informação revelada ao comprador e a garantia ajudarão também a recortar o sentido desta e a extensão da responsabilidade do vendedor[239].

A contraposição entre os princípios alternativos de responsabilidade civil contratual que correspondem ao princípio da garantia e ao princípio da culpa (*Garantiehaftung* e *Verschuldenhaftung*) foi exposta, de forma singela, por ULRICH HUBER[240]. O primeiro significa que o devedor responde sempre, salvo em casos excecionais. Diversamente, o princípio da culpa afirma que o devedor responde apenas se tiver causado a falta de cumprimento com dolo ou negligência. Esta distinção acabada de referir deve ser aceite no direito português, mas seria mais facilmente apreensível se o nosso Código Civil dispusesse de uma norma análoga ao §276 BGB, o qual consagra hoje o seguinte[241]:

> §276 (Responsabilidade do devedor)
>
> 1. O devedor deve ser responsável por dolo ou por negligência, quando uma responsabilidade mais intensa ou mais atenuada não seja determinada, nem possa extrair-se do conteúdo da relação obrigacional, em particular da aceitação de uma garantia ou de um risco de obtenção. Os preceitos dos §§827 e 828 são analogicamente aplicáveis.
>
> (...).

Quer isto dizer que culpa (dolo ou negligência) e garantia são critérios de imputação[242]. Contudo, a imputação com base em garantia não é

lesante só não responde desde que prove um *caso de força maior*" e, finalmente, uma responsabilidade objetiva *pura*, absoluta, em que o lesante responde sempre, mesmo que prove a verificação de um caso de força maior – *Responsabilidade objectiva*, CDP, nº especial 02, Dezembro 2012, (p. 107 ss), pp. 109-110.

[239] Em sentido próximo, JAN MÖLLER, *Offenlegungen und Aufklärungspflichten beim Unternehmenskauf*, p. 841 ss.

[240] ULRICH HUBER, *Leistungsstörungen*, II, pp. 31-32.

[241] Para uma visão geral dos problemas da imputação pode ver-se HANNES UNBERATH, *Die Vertragsverletzung*, pp. 303 e 327 ss, ERWIN DEUTSCH, *Die Fahrlässigkeit im neuen Schuldrecht*, p. 889 ss, ANIKA MITZKAIT, *Leistungsstörung*, p. 78 ss. Segundo KARSTEN SCHMIDT, o §347 HGB seria, em larga medida, dispensável perante o novo §276 BGB, uma vez que este já clarificaria que o devedor responde com culpa quando não observou o cuidado exigível no tráfego (sendo este concretizado) ou quando outra imputação resultar do conteúdo da relação obrigacional (MüKo/SCHMIDT, §347, n.m. 2).

[242] STAUDINGER/LÖWISCH/CASPERS, §276, n.m. 3 ss.

uma ilimitada, sob pena de violação da autonomia privada das partes e do fundamento do próprio critério de imputação.

Pode até admitir-se que, em certos casos, as *garantias*, em particular as "garantias não autónomas" ou dependentes, sofram determinados condicionamentos a montante, resultantes do próprio tipo de negócio e do respetivo objeto, bem como determinadas limitações a jusante, traduzidas, por exemplo, em restrições baseadas no conhecimento das partes ou na esfera de negócios e de atividade do devedor.

3.4. "Garantia do balanço"

1. Uma específica garantia que reveste alguma problematicidade é a chamada "garantia do balanço"[243]. O conteúdo da mesma é variável, mas, em regra, o vendedor entrega ao comprador o balanço e aceita a garantia de que "esse balanço foi elaborado de acordo com os princípios e normas contabilísticas aplicáveis" ou de que "os balanços e demonstrações de resultados da sociedade a [data], foram organizados de acordo com as regras contabilísticas aplicáveis em Portugal e reflectem, de forma adequada, a sua situação financeira, particularmente no que respeita aos seus activos e passivos".

A situação criada por uma "garantia do balanço" distingue-se de garantias patrimoniais adicionais, por um lado, e das situações em que um balanço é entregue pelo vendedor ao comprador sem previsão contratual de uma garantia, por outro lado. Nestes últimos casos, o problema será saber se pode aceitar-se uma garantia tácita e com que limites (o vendedor só garantirá aquilo que conhecia ou devia conhecer enquanto comerciante ordenado?)[244].

Há quem sublinhe a autonomia funcional da "garantia do balanço" perante outras garantias. A "garantia do balanço" não estabelece uma descrição da empresa real na data da celebração do contrato, mas diz

[243] Desenvolvidamente, Christopher King, *Die Bilanzgarantie beim Unternehmenskauf*, RWS, Colónia, 2010, p. 27 ss, Gerhard Wächter, *M&A Litigation*, p. 152 ss. Pode também ver-se Max Kleissler, *Die Bilanzgarantie*, p. 531 ss.

[244] Sobre o problema pode ver-se Ulrich Huber, *Mängelhaftung beim Kauf von Gesselschaftsanteilen*, p. 410 ss.

respeito a uma descrição desse objeto no balanço em determinada data relevante (data do balanço)[245]. Por este motivo, a "garantia do balanço" por si só não garante um certo estado ou qualidades do objeto: esta "garantia" terá de retirar-se de declarações adicionais, caso estas existam.

2. King acentua que a "garantia do balanço" pode desempenhar uma de duas funções: mitigar ou anular a assimetria informativa, transferindo riscos para vendedor, ou "segurar" riscos (*Versicherungsfunktion*), sobretudo se se trata de contingências que nenhuma das partes controla e se o comprador é adverso ao risco, por exemplo, por se tratar de uma aquisição financiada por terceiro[246]. Ainda segundo o Autor, esta garantia exprimiria um certo paradoxo: diria respeito ao passado, mas visaria propiciar ao comprador uma prognose quanto ao futuro. Assim sendo, o "valor do passado" importaria apenas e na medida em que o mesmo fosse relevante para uma determinada valoração[247].

Hommelhoff, por seu turno, nota a relevância da "garantia do balanço" do ponto de vista da chamada "equivalência subjetiva"[248], isto é, da relação entre prestação e contraprestação. Esta "garantia" teria, em certos casos, o significado de "assegurar ao comprador o fundamento para a determinação do valor da empresa e, deste modo, do preço"[249].

3. O "balanço falso" corresponderá, pois, desde logo, a situações em que o mesmo viola regras contabilísticas aplicáveis. Logo aqui se nota que a divergência ou falta de conformidade da "garantia do balanço" não é necessariamente entre o que consta do balanço e a realidade, não é também entre o que consta do balanço e a realidade futura, mas é entre o que foi inscrito no balanço e as regras que presidem à elaboração do mesmo[250]. É, pois, nesta medida, uma desconformidade normativa (que poderá ser relevante ou não, dependendo do resultado causado). Como

[245] Max Kleissler, *Die Bilanzgarantie*, p. 532 ss.

[246] Christopher King, *Die Bilanzgarantie*, p. 25.

[247] *Idem*, p. 28.

[248] Peter Hommelhoff, *Der Unternehmenskauf als Gegenstand*, p. 276.

[249] Ulrich Huber, *Mängelhaftung beim Kauf von Gesellschaftsanteilen*, ZGR, 1972, (p. 395 ss) p. 409.

[250] Realçando este aspeto, Joachim Heinrichs, *Zur Haftung auf Schadenersatz wegen unrichtiger Bilanzgarantien beim M&A Transaktionen*, NZG 2014, (p. 1001 ss), p. 1002-1003.

nota Heinrichs, "o que é garantido é o cumprimento de normas aplicáveis ao balanço"[251].

Assim, por exemplo, se um crédito for inscrito de acordo com as regras aplicáveis e o crédito vier a revelar-se incobrável, não haverá desconformidade da garantia[252]. Problemas com a "garantia do balanço" existirão ainda no caso em que se inscreveu no imobilizado corpóreo o valor de um milhão de Euros para certa máquina que, afinal, é defeituosa, valendo apenas duzentos mil Euros, ou a inscrição de um crédito vincendo de certo valor o qual, afinal, já foi satisfeito[253]. Se for inscrito um crédito que não existe, aí haverá em princípio violação da garantia do balanço. Isto, claro, de uma perspetiva geral, dado que concretas desconformidades apenas poderão ser afirmadas perante a específica redação da "garantia do balanço", tanto mais que se trata de uma área moldada pela autonomia privada das partes (artigo 405º do CC).

4. Tem-se aceitado a introdução de uma limitação subjetivo-normativa da desconformidade do balanço: de acordo com esta ideia, só existirá violação da "garantia do balanço" se a desconformidade for percetível por um comerciante diligente e ordenado [254]. Assim sendo, não haverá, em princípio, violação da "garantia do balanço" se as regras contabilísticas tiverem sido violadas, mas as inscrições do balanço se afigurarem defensáveis aos olhos de um comerciante diligente, ainda que circunstâncias futuras venham depois a revelar existir uma desconformidade. Esta orientação dominante na Alemanha – que se designou já de subjetivo-normativa[255], ou de garantias subjetivas, por oposição às

[251] Joachim Heinrichs, *Zur Haftung auf Schadenersatz wegen unrichtiger Bilanzgarantien beim M&A Transaktionen*, p. 1003.

[252] *Idem*, *Zur Haftung auf Schadenersatz wegen unrichtiger Bilanzgarantien beim M&A Transaktionen*, p. 102.

[253] Gerhard Wächter, *Schadensrechtliche Probleme beim Unternehmenskauf: Naturalherstellung und Bilanzgarantien*, p. 1274 ss.

[254] Joachim Heinrichs, *Falsche Bilanzen und Bilanzgarantien bei M&A- Transaktionen*, *in* Drygala/Wächter, *Bilanzgarantien bei M&A-Transaktionen*, Beck, Munique, 2017, pp. 2-3.

[255] Joachim Heinrichs, *Zur Haftung auf Schadenersatz wegen unrichtiger Bilanzgarantien beim M&A Transaktionen*, p. 1004, Thomas Schulz e Daniel Sommer, *Bilanzgarantien in der M&A Praxis*, NZG 2018, p. 50 ss (referindo ambos ser esta a visão dominante).

garantias objetivas, em que a responsabilidade do vendedor seria independente da sua concreta situação[256] – distingue, portanto, falsidade contabilística de falsidade jurídica, sendo esta mais exigente do que a primeira, para efeitos de violação de declarações e garantias. A ideia central será, em cenários de incerteza, tutelar o comerciante, que não estará obrigado a uma verificação especializada, nem a suportar na sua esfera os riscos de uma falha do auditor, salvo declaração em contrário.

5. Admitindo-se ser escopo primário da "garantia do balanço" uma "garantia de conformidade normativa", a proteção do comprador quanto a desconformidades entre a realidade e o balanço (ou entre a realidade à data do fecho e a realidade futura) só poderá ser alcançada através de "declarações e garantias" adicionais. Por exemplo, em relação ao património, podem solicitar-se garantias relativas "à exigibilidade, valor, inoponibilidade de exceções e constituição de adequada provisão para determinados créditos"[257] ou ainda relativas à "maquinaria no imobilizado corpóreo, atestando o seu "adequado estado de conservação"[258].

Com relevo para este enquadramento, o tribunal de segunda instância de Francoforte, em sentença de 7 de maio de 2016, introduziu uma distinção entre "garantia do balanço fraca" uma "garantia do balanço forte"[259]. A garantia em causa referia que o balanço foi elaborado de acordo com o cuidado de um comerciante ordenado e de acordo com os princípios contabilísticos aplicáveis, mas mencionava, também, que o balanço refletia um retrato de facto da situação patrimonial, financeira e reditícia da sociedade. Tratando-se, por este último motivo, de uma "garantia forte" a expectativa do comprador quanto a estes aspetos teria sido relevante quando à decisão de compra e quanto à formação do

[256] STAUDINGER/ BECKMANN, 2014, §453, n.m. 112, GERHARD WÄCHTER, *M&A Litigation*, p. 138 ss.

[257] FÁBIO CASTRO RUSSO, *Das cláusulas de garantia nos contratos de compra e venda de participações sociais de controlo*, p. 126.

[258] *Idem*, p. 127.

[259] A sentença OLG Francoforte 7.4.2016 pode ver-se em NZG 2016, p. 435 ss.Veja-se também o comentário a esta decisão de KIM LARS MEHRBREY, *Schadensersatz bei Verletzung einer Bilanzgarantie*, NZG, 2016, p. 419 ss. Já anteriormente, pode ver-se a sentença também do OLG Francoforte de 7.5.2015, BeckRS 2016, 02133.

preço[260]. A contraposição entre "garantia forte" e "garantia fraca", embora distinta, é vizinha, pelo menos conceptualmente, da contraposição entre "garantia objetiva" e "garantia subjetiva", na medida em que a primeira corresponde a uma garantia do vendedor quanto a um balanço completo e objetivo e a segunda diz respeito a uma garantia de que o balanço foi elaborado com o cuidado de um comerciante ordenado e de acordo com as regras contabilísticas aplicáveis[261].

Esta linha de orientação, de diferenciação entre "garantia forte" e "garantia fraca", pode não ficar excluída, mas o problema estará não só em determinar o sentido da "garantia" – novamente, a interpretação surge como um *prius* –, como também em verificar *se* e *em que medida* a determinação do valor de compra da empresa se baseou na expectativa de receita e em que medida é que esta se baseou nos valores do balanço[262].

3.5. Estipulações típicas associadas a "garantias"

1. Importa, agora, analisar a validade e o efeito de estipulações típicas conexas a "garantias". Por um lado, não raras vezes, as "declarações e garantias" têm de ser lidas em conjunto com as declarações constantes da "*disclosure letter*"[263]. Também aqui colocar-se-ão problemas de interpretação (artigos 236º e ss)[264]. Por outro lado, o próprio contrato de compra e venda de ações amiúde prevê estipulações destinadas a conformar o "efeito" da garantia ou a moldar o regime jurídico aplicável.

2. A prática contratual confronta-nos, desde logo, com a cláusula de "*best knowledge*" ("*nach bestem Wissen*")[265]. Trata-se de um "transplante

[260] Veja-se o comentário de Thomas Schulz e Daniel Sommer, *Bilanzgarantien in der M&A Praxis*, NZG 2018, p. 50 ss.

[261] *Vide*, por exemplo, Kai-Michael König, Tim Giesselmann, Orth Kluth, *Zur Haftung beim Unternehmenskauf – Voraussetzungen und Schadensbegriff bei der objektiven und subjektiven Bilanzgarantie*, GWR, 2016, (p. 155 ss), p. 156.

[262] Vejam-se também as considerações de Christopher King, *Die Bilanzgarantie*, p. 29.

[263] Fábio Castro Russo, *Das cláusulas de garantia nos contratos de compra e venda de participações sociais de controlo*, p. 129 ss.

[264] Andreas H. Meyer/ Löwe, *Allgemeine Rahmenregelungen zu Garantien*, p. 604 ss.

[265] Ulrich Huber, *Die Praxis des Unternehmenskaufs*, p. 207 ss.

jurídico", dado que o direito português não contempla uma tal especificação relevante para efeitos de culpa. Em princípio, a alusão ao "melhor conhecimento" parece exigir do vendedor mais do que o mero conhecimento positivo. Em todo o caso, parece também ser de assentar que o uso dessas cláusulas produz efeitos na "garantia", enfraquecendo-a. Por isso, a doutrina alude, nestes casos, a "garantias fracas"[266] ou a "garantias subjetivas"[267] (o que não quer dizer que a ausência desta estipulação torne, por si só, a garantia "forte"). O vendedor promete que, de acordo com o seu melhor conhecimento – ou de acordo com o conhecimento de um conjunto de pessoas relacionadas com a sua esfera –, um certo estado de coisas existe.

As "garantias fracas" visam sobretudo facilitar a prova, uma vez que a assunção de responsabilidade existe, se o vendedor não provar que não tinha conhecimento ou que não tinha de o ter[268].

Algumas posições aludem ainda a uma presunção de boa-fé subjetiva do vendedor, ilidível pelo comprador mediante prova de que o vendedor sabia da circunstância lesiva aquando da celebração do contrato[269].

Segundo outras posições, este tipo de formulação devia ser evitado no direito europeu continental, dado que o conceito de "*seller's best knowledge*" não terá um sentido preciso, ficando dependente de uma apreciação jurisdicional. Trata-se, com efeito, de uma questão de interpretação do clausulado do negócio jurídico. Ainda assim, tem-se aceitado que uma cláusula de "*seller's actual knowledge*" permite a exclusão de desconhecimento negligente, enquanto a cláusula de "*seller's best knowledge*" parece responsabilizar o vendedor também pelo desconhecimento negligente de situações objeto de "declarações e garantias"[270].

Poderá questionar-se, perante uma cláusula de *best knowledge*, se o melhor conhecimento do vendedor é o do *concreto vendedor* ou é o de um bom pai de família, em ambos os casos atendendo às circunstâncias do negócio. Na generalidade dos casos, corresponderá a uma limitação do conhecimento do *concreto vendedor*. Quer isto dizer que estas cláu-

[266] Staudinger/ Beckmann, 2014, §453, n.m.110.
[267] Andreas H. Meyer/ Löwe, *Allgemeine Rahmenregelungen zu Garantien*, p. 575.
[268] Staudinger/ Beckmann, 2014, §453, n.m.101.
[269] Gustavo Tepedino, *Novos princípios contratuais*, p. 448.
[270] Andreas H. Meyer/ Löwe, *Allgemeine Rahmenregelungen zu Garantien*, pp. 578-579.

sulas podem ser examinadas como limitações às garantias prestadas, enquanto desvios ao critério do bom pai de família. Em termos teóricos, a medida da diligência (e o juízo de censura traduzido na culpa) pode ser estabelecida tendo em vista a diligência que o devedor põe habitualmente nos seus próprios negócios, de que ele é capaz *(diligentia quam in suis) ou* a diligência padrão do homem médio. O vendedor declara que "de acordo com o seu melhor conhecimento" afirmando, pois, que de acordo com a diligência que coloca nos seus próprios negócios, tem certo conhecimento e que, de acordo com o mesmo, certa realidade assume determinada feição. Se a medida da diligência falhar no caso concreto, e o vendedor não tiver certo conhecimento, podendo tê-lo, responderá perante o comprador. Mas já se tiver usado da diligência de que normalmente faz uso e não tiver conhecimento da circunstância em apreço, fica excluída a responsabilidade, apesar da "garantia".

Uma nota final para sublinhar que a ausência de uma cláusula de "*best knowledge*" não significa que a "garantia" não possa sofrer algum outro tipo de enfraquecimento ou modelação, seja em função do conhecimento positivo do comprador e da posição do vendedor, seja ainda pelo teor da própria "garantia".

3. É ainda frequente o recurso a cláusulas de "*knowledge qualifier*" através das quais as partes acordam quem são os sujeitos relevantes (do lado do vendedor) para efeitos de imputação do conhecimento e, ainda, quais são as circunstâncias que integram o conhecimento relevante[271].

4. Outras cláusulas ainda são as cláusulas de limitação máxima da responsabilidade civil. É comum a fixação de um limite máximo (*cap*) de responsabilidade do vendedor por violação de "garantias", sendo a limitação pelo preço do contrato ou por percentagem do mesmo[272]. Estas cláusulas não se confundem com as "cláusulas de limite mínimo", muitas vezes baseadas numa estrutura de *tipping basket* ou de *basket amount*,

[271] Andreas H. Meyer/ Löwe, *Allgemeine Rahmenregelungen zu Garantien*, pp. 575-576.

[272] Christopher Rudolf Mellert, *Selbständige Garantien*, p. 1671. Referindo a variabilidade do *cap*, aludindo a cerca de 50% na Suíça vs montantes próximos de 100% nos Estados Unidos, Noradèle Radjai, *Claims for breach of representations and warranties*, em *Arbitration for M&A Transactions*, Globe Business Publishing, 2014, (p. 325 ss), p. 336.

através das quais as partes estabelecem um montante mínimo de danos, fixado por referência ao preço contratual, como valor mínimo da pretensão indemnizatória[273]. Não são, também, cláusulas penais, não havendo sequer antecipação do valor do dano[274].

As cláusulas de limite máximo exigem que tenhamos em consideração a posição vigente entre nós quanto à admissibilidade de cláusulas limitativas ou de exclusão da responsabilidade civil, sob a forma de limitação do montante indemnizatório. Em todo o caso, a doutrina tem considerado que, dentro dos limites comuns, são, em princípio, válidas, ao abrigo do artigo 809º do Código Civil, as cláusulas de mera limitação da responsabilidade em que há limitação do dano a certo montante, posição que nos parece de acolher[275].

5. Uma outra distinção faz alusão às cláusulas "*pro-sandbagging*" e "*anti-sandbagging*". Em causa estarão situações em que o comprador celebra o negócio, embora saiba que uma "garantia" do vendedor é incorreta[276]. Uma cláusula "*pro-sandbagging*" estabelece que o efeito da "garantia" é independente do conhecimento do comprador. Uma cláusula "*anti-sandbagging*" ditará o contrário. Abstraindo do problema conexo que é saber *quando é que o comprador sabe* – problema de imputação do conhecimento e dos terceiros como *Wissensspeicher*[277] – o ponto está em determinar o concreto conteúdo dessas cláusulas, não parecendo que, de um modo geral, ressalvadas as proteções quanto a renúncia antecipada a direitos (artigo 809º) e ao exercício abusivo de direitos (artigo

[273] ANDREAS H. MEYER/ LÖWE, *Allgemeine Rahmenregelungen zu Garantien*, p. 601.

[274] ANTÓNIO PINTO MONTEIRO, *Cláusulas limitativas e de exclusão de responsabilidade civil*, Almedina, Coimbra, 2003, p. 105.

[275] Sobre a validade das cláusulas de limite máximo do dano, pode ver-se LUÍS MENEZES LEITÃO, *Direito das Obrigações*, II, p. 289 e NUNO PINTO OLIVEIRA, *Cláusulas acessórias ao contrato: cláusulas de exclusão e de limitação do dever de indemnizar e cláusulas penais*, Coimbra, 2008, p. 41 ss.

[276] FRANK WEISSHAUPT, *Haftung und Wissen beim Unternehmenskauf*, p. 783.

[277] Tratando deste problema neste contexto, FRANK WEISSHAUPT, *Haftung und Wissen beim Unternehmenskauf*, p. 786 ss, GERHARD WÄCHTER, *M&A Litigation*, p. 309 ss, ALIRESA FATEMI, *Die Obliegenheit zur Due Diligence*, Nomos, 2009, p. 67 ss, HOLGER FLEISCHER/ TORSTEN KÖRBER, *Due diligence und Gewährleistungen beim Unternehmenskauf*, p. 847 ss. Num âmbito mais geral, JOSÉ FERREIRA GOMES/DIOGO COSTA GONÇALVES, *A imputação do conhecimento às sociedades comerciais*, Almedina, Coimbra, 2017.

334º), as mesmas devam ser rejeitadas, com fundamento em invalidade, por contrariedade à lei.

6. As cláusulas de "*sole remedy*" visam, de um modo geral, demarcar os meios de reação das partes a uma perturbação contratual. Essa delineação pode ser circunscrita, referindo-se, por exemplo, apenas hipóteses de erro ou dolo, ou abrangente, referindo-se em geral ao âmbito da reação ao incumprimento (ou melhor, ao que no direito inglês seria um "*breach of contract*"). Estas cláusulas podem consubstanciar uma limitação da responsabilidade civil, sob a forma de exclusão de fundamentos de responsabilidade. Neste caso, devem ser avaliadas à luz dos limites do artigo 809º do Código Civil, se implicarem a exclusão de responsabilidade ou de um meio de reação atribuído ao comprador[278].

[278] Quanto à exclusão da responsabilidade, as posições revelam flutuações. Veja-se Inocêncio Galvão Telles, *Direito das Obrigações*, p. 428 ss (admitindo a cláusula de exclusão por culpa leve), António Pinto Monteiro, *Cláusulas limitativas e de exclusão de responsabilidade civil*, p. 171 ss (considerando quanto à exclusão da responsabilidade que "a *ratio* do art. 809º não abrangerá, em suma, uma cláusula que limite à culpa leve a exclusão da responsabilidade do devedor" – *idem*, p. 219 –, mas defendendo outras posições quando estão em causa outras situações, entendendo, designadamente, ser nula a cláusula de renúncia antecipada à resolução, *idem*, pp. 211-212), Nuno Pinto Oliveira, *Cláusulas acessórias ao contrato: cláusulas de exclusão e de limitação do dever de indemnizar e cláusulas penais*, Coimbra, 2008, José Carlos Brandão Proença, *Lições de cumprimento e não cumprimento das obrigações*, Wolters Kluwer Portugal, Coimbra, 2011, p. 377 ss. Considerando que "o artigo 809º deve ser levado à sua plenitude e nunca reduzido" – António Menezes Cordeiro, *Tratado de Direito Civil*, IX, *Direito das Obrigações*, Almedina, Coimbra, 2017 (3ª ed.), p. 439. Em sentido igualmente restritivo, Luís Menezes Leitão, *Direito das Obrigações*, II, pp. 288-289. Antunes Varela considerava que "a proibição de renúncia antecipada tanto vale (...) para os casos em que a violação do direito do credor procede de *dolo* do devedor, como para as situações em que a falta de cumprimento assenta na mera *negligência* do obrigado" – João Antunes Varela, *Das Obrigações em geral*, vol. II, Almedina, Coimbra, 2001 (7ª ed., reimp.), p. 137.

4. Perturbações na venda de participações acionistas

4.1. Indagações prévias para determinação do regime aplicável e da sua adequação

1. A determinação prévia do âmbito de tutela do comprador depende: (i) da existência de uma "garantia" quanto à vicissitude reclamada pelo comprador e (ii) da diferenciação entre perturbações no cumprimento na venda de participações acionistas "simples" (isto é, que não permitam ao comprador o controlo da sociedade, e em que não há fundamento para considerar que foi vendida uma empresa) e perturbações no cumprimento na venda de participações acionistas de controlo em que possa haver venda da empresa.

As perturbações do cumprimento na venda de participações acionistas "simples" podem, em abstrato e de modo simplificado, ser reconduzidas ao âmbito: (*i*) da responsabilidade por violação de deveres pré-contratuais de informação e/ou ao âmbito (*ii*) do erro sobre a base do negócio. A questão central será saber quais os requisitos de cada meio de reação e o modo pelo qual esses meios de reação se conjugam entre si.

Diferentemente, as perturbações no cumprimento na venda de participações acionistas de controlo que impliquem a venda da empresa podem, em abstrato (dependendo depois dos requisitos de cada regime) ser solucionadas através: (*i*) da aplicação analógica ou adaptada do regime dos vícios das coisas à venda da empresa ou (*ii*) da responsabilidade por violação de deveres pré-contratuais de informação e/ou (*iii*) do erro sobre a base do negócio.

2. Quanto à perturbação do cumprimento na venda de participações acionistas de controlo, comecemos por notar que a possível coincidência entre *controlo da sociedade* e *controlo da empresa* reclama considerações particulares. Com efeito, a empresa é um conjunto de coisas, direitos e valores patrimoniais[279] e representa, jurídica e economicamente, uma unidade objetiva[280]. Dito de outro modo, é um conjunto de coisas, direitos, deveres e bens imateriais que conformam uma unidade[281]. Sendo a "empresa" uma unidade, a "venda da empresa" deve também ser compreendida unitariamente. Contudo, o Código Civil português, à semelhança do BGB anterior à reforma (*modernização do direito das obrigações*), não reconheceu a empresa com objeto de negócios[282] e, apesar de, na tradição jurídica portuguesa, se conhecerem aprofundamentos relevantes da ideia de empresa como objeto de negócios[283], não é possível dizer que a empresa é, em sentido rigoroso, uma coisa ou um direito[284]. Além disso, também não é possível afirmar sem mais, à luz da nossa lei civil, que direitos, ou complexos de direitos, têm vícios materiais (apenas vícios jurídicos)[285]. Quer dizer que a solução que se poderá encontrar para certas perturbações do cumprimento será sempre retirada de uma

[279] Karl Larenz, *Lehrbuch des Schuldrechts*, 2º vol, 1º tomo, Munique, 1986, p. 166.

[280] António Pinto Monteiro / Paulo Mota Pinto, *Compra e venda de empresa*, p. 77.

[281] MüKo/Westermann, §453, 7ª ed., 2016, n.m. 19.

[282] Sem prejuízo do que se refere no texto, não parece que o direito alemão, ao menos nos primeiros tempos de aplicação do BGB, tenha acolhido um conceito de coisa flexível ao ponto de compreender o estabelecimento comercial, ao contrário do que se verificou no direito português. Assim, Ferrer Correia considerava já que a empresa é "esta coisa unitária (composta) incorpórea, de tipo especial" – Ferrer Correia / / Almeno de Sá, Parecer, *A Privatização da Sociedade Financeira Portuguesa*, p. 267. Sobre o conceito restrito de coisa do BGB, e a sua influência na equiparação entre *asset deal* e *share deal*, *vide* Manuel Nogueira Serens, *A equiparação de share deal a asset deal*, p. 56.

[283] Sobretudo desde Orlando de Carvalho, *Critério e estrutura do estabelecimento comercial*, I, *O problema da empresa como objeto de negócios*, Coimbra, 1967, p. 261 ss, Jorge Coutinho de Abreu, *Da empresarialidade. As empresas no direito*, Almedina, Coimbra, 1996, p. 41 ss e sobretudo 342 ss.

[284] No mesmo sentido Barbara Dauner-Lieb / Jan Thiessen, *Garantiebeschränkungen in Unternehmenskaufverträge*, p. 109, Manfred Lieb, *Gewährleistung beim Unternehmenskauf*, *in FS für Joachim Gernhuber zum 70. Geburtstag*, org. Hermann Lange, Knut Nörr, Harm Peter Westermann, Mohr Siebeck, Tubinga 1993, (p. 259 ss) p. 260.

[285] António Pinto Monteiro / Paulo Mota Pinto, *Compra e venda de empresa*, p. 80.

dada construção jurídica, dentro dos limites da lei, mas não uma solução imediatamente oferecida pelo legislador.

3. Para determinar o regime jurídico aplicável às perturbações do cumprimento na venda de participações acionistas de controlo, cabe começar por determinar se e em que circunstâncias o regime da venda de bens defeituosos e de bens onerados pode ser aplicado a estes casos. Para o efeito, é necessário levar a cabo *quatro indagações prévias*.

A *primeira indagação* traduz-se em saber se a venda de uma participação social equivale ou pode equivaler à transmissão da empresa[286].

A *segunda indagação* corresponde a saber se, no direito português, a empresa pode ser considerada uma realidade análoga a uma coisa.

A *terceira indagação* corresponde a determinar se a noção de defeito do Código Civil se adequa, ou é apta a regular, certas "perturbações" da empresa, de modo a efetivamente poder aplicar-se, ainda que por analogia, o regime dos artigos 913º e ss à venda de participações acionistas de controlo equiparáveis à venda da empresa.

A *quarta* e última indagação consiste em esclarecer como é que o vício do elemento da empresa se projeta num "vício da empresa". Vejamos, pois, cada um destes aspetos.

4. Como dissemos, devemos desde logo apurar em que circunstâncias é que a venda de participações sociais de controlo pode implicar a venda de uma empresa. Ora, o problema da "relevância das transmissões

[286] Em sentido análogo, António Pinto Monteiro / Paulo Mota Pinto, *Compra e venda de empresa*, p. 90 ss, Patrícia Afonso Fonseca, *A negociação de participações de controlo. A jurisprudência*, p. 34. Segundo uma orientação maximalista, da qual discordamos, seria possível a aplicação do regime dos artigos 905º e 913º e ss à venda de participações sociais, maioritárias ou mesmo minoritárias. No direito alemão anterior à reforma, esta posição foi sustentada por Ulrich Huber, *Mängelhaftung beim Kauf von Gesellschaftsanteilen*, p. 402 ss. Entre nós, já se considerou que "quando o vendedor entrega o balanço da sociedade ao comprador de uma participação (maioritária ou minoritária) antes da celebração do contrato, nada apontando ou excepcionando ao mesmo, uma vez formado o contrato e salvo disposição contratual em contrário, tem de se entender que aquela informação passa a integrar de alguma forma o próprio contrato e que o vendedor deve responder, no caso de existir alguma desconformidade relevante, nos termos dos artigos 905º e/ou 913º e ss do CC" – Clemente Galvão, *Conteúdo e incumprimento*, p. 6.

de participações societárias de controlo como forma de transmissão indireta da empresa"[287] é antigo, mas nem por isso deixou de ser complexo e controverso[288]. Aliás, esta matéria foi intensamente debatida no direito alemão, desde os primórdios da jurisprudência do Tribunal do *Reich*, imprimindo progressiva nitidez à diferenciação entre "*Unternehmenskauf*" e "*Anteilskauf*" ou "*Beteiligungskauf*". Esta perspetiva implica, naturalmente, uma diferenciação de regimes entre situações de venda da empresa e situações de venda de participações sociais que não equivalem à venda da empresa, em detrimento de uma disciplina unitária.

Algumas orientações valorizam, exclusiva ou combinadamente, um critério quantitativo, que atende à percentagem da participação social alienada. Neste âmbito, distinguem-se várias posições, embora a doutrina dominante pareça ser a que considera que estamos perante uma venda da empresa se tiver sido alienada a totalidade ou quase totalidade das participações sociais[289]. Como notou Ulrich Huber: "a venda de parte da empresa é venda de direitos, não venda de coisa"[290].

O entendimento em causa foi também afirmado pelo BGH: a aquisição da totalidade, ou quase totalidade, das ações pode equivaler a uma venda de coisas[291]. O BGH aceitou a jurisprudência anterior do RG no

[287] José Engrácia Antunes, *A empresa como objeto de negócios*, p. 725.

[288] Na doutrina mais antiga, pode ver-se por exemplo Peter Harm Westermann, *Haftung beim Unternehmens- und Anteilskauf*, ZGR, 1982, p. 45 ss. Mais recentemente, Stephan Lorenz, *Der Unternehmenskauf nach der Schuldrechtsreform, in FS für Andreas Heldrich zum 70. Geburtstag*, org. Stephan Lorenz, Alexander Trunk, Horst Eidenmüller, Christiane Wenderhorst, Johannes Adolff, Beck, Munique, 2005, (p. 305 ss), p. 3057 ss. Com várias referências bibliográficas, António Pinto Monteiro / Paulo Mota Pinto, *Compra e venda de empresa*, p. 79.

[289] Assim, por exemplo, Barbara Grunewald, *Rechts-und Sachmängelhaftung beim Kauf von Unternehmensanteilen*, NZG 2003, p. 372 ss, Arndt Stengel/ Frank Scholderer, *Aufklärungspflichten beim Beteiligungs- und Unternehmenskauf*, p. 159. Referindo tratar-se de orientação dominante, com várias indicações bibliográficas além das do texto, Bernd Hauck, *Mängel des Unternehmens beim Unternehmens-und Beteiligungskauf. Eine rechtsvergleichende Betrachtung des deutschen und schweizerischen Rechts*, Helbing Lichtenhahn Verlag, Basel, 2008, p. 475.

[290] Ulrich Huber, *Mängelhaftung beim Kauf von Gesselschaftsanteilen*, ZGR 1972, p. 395 ss.

[291] Assim, sentença do BGH de 16.10.1968, NJW 1969, p. 184 s, sentença do BGH de 12.11.1975, em BGHZ 65, p. 246 ss. Citando outras decisões, na generalidade dos casos considerando vendas de 100% ou mais de 95%, Barbara Grunewald, *Rechts-und Sachmängelhaftung beim Kauf von Unternehmensanteilen*, p. 373.

sentido de equiparar a venda da totalidade das participações à venda da empresa e acrescentou ainda a possibilidade de esta equiparação operar quando sobrar apenas um resto negligenciável, sendo a vontade das partes a transmissão da empresa[292]. Nos casos em que a venda de participações não corresponde à totalidade, importará interpretar a vontade das partes, para aferir se as mesmas se referem à empresa como um todo e se o preço é calculado por referência à empresa[293]. Tratamento especial merecem, depois, os casos de compra de participação minoritária por parte de acionista maioritário.

Conhecem-se, contudo, posições mais flexíveis[294]. Segundo JAGERSBERGER, se a venda de participações sociais não disser respeito a uma sociedade com ações admitidas à negociação em mercado regulamentado, em princípio, a venda de ações correspondentes a 75% do capital social equivalerá à venda da empresa, mas pode este limiar situar-se num nível inferior, exigindo-se apenas 50%, se o adquirente tiver um poder de influência que justifique considerar a transmissão de titularidade da empresa[295]. Nas sociedades com ações admitidas à negociação em bolsa, os valores poderão ser inferiores, devido à dispersão do capital social.

KLAUS HOPT, por seu turno, referiu-se à maioria que permite alterar os estatutos, 75%, propondo uma via intermédia entre a tendência dominante (venda da totalidade ou quase totalidade) e a perspetiva oposta no sentido de atender a critérios não quantitativos[296]. Segundo o Autor, seria importante ponderar elementos subjetivos (interpretação da vontade das partes) e objetivos (percentagem do capital), atendendo também, portanto ao "poder de direção" ou "de controlo" do acionista.

[292] Veja-se a sentença do BGH de 12.11.1975, em BGHZ 65, p. 246 ss, com alusão a jurisprudência anterior. Sobre as decisões do RG, MANUEL NOGUEIRA SERENS, *A equiparação de share deal a asset deal no direito alemão*, p. 56 ss.

[293] STEFAN SCHRÖKER, *Unternehmenskauf nach der Schuldrechtsreform*, ZGR 2005, (p. 63 ss), p. 66-67, com indicações jurisprudenciais.

[294] Veja-se a resenha de BERND HAUCK, *Mängel des Unternehmens*, p. 481 ss ou de FELIX STAMER, *Unternehmenskauf*, p. 63 ss.

[295] BARBARA JAGERSBERGER, *Die Haftung des Verkäufers*, p. 124.

[296] KLAUS HOPT/KLAUS MÖSSLE, "*Der misslungene Anteilsverkauf*", JuS 1985, (p. 211 ss), p. 212.

Acolhendo também um critério quantitativo, de acordo com ROLAND MICHAEL BECKMANN, é inquestionável que uma aquisição de 100% ou de 95% do capital social corresponde a uma venda da empresa; contudo, abaixo destes valores, a decisão só é possível em função das circunstância do caso concreto, devendo questionar-se se o comprador adquire, ou não, o domínio da empresa[297].

Sendo este o panorama doutrinário geral, a verdade é que os tribunais, em particular o BGH, não fixaram um concreto montante a partir do qual a venda das participações pode ser equiparada à venda da empresa, entendendo-se que esta omissão é justificada, dado que a noção de controlo só pode ser determinada perante concretas circunstâncias do negócio e da transferência do controlo[298].

Já se considerou, porém, que o critério quantitativo pode, em alguns casos, ser insuficiente, uma vez que as partes podem ter acordado outras cláusulas que impliquem a atribuição de um certo poder de controlo da empresa ao comprador[299]. Tem-se, por isso, entendido que a interpretação do negócio também pode constituir, e em regra constitui, um critério importante[300]. A circunstância de o preço evidenciar um "prémio de controlo" pode também reforçar a qualificação do negócio como venda de empresa[301].

A necessidade de interpretação do negócio jurídico surge, porém, por vezes integrada num contexto mais amplo de qualificação do tipo de contrato. Essa orientação foi sufragada por CANARIS. Não estaria em causa a determinação do conteúdo do contrato, mas um problema heterónomo de qualificação tipológica[302].

[297] STAUDINGER/ BECKMANN, 2014, §453, n.m. 101.
[298] MüKo/WESTERMANN, §453, 7ª ed., 2016, n.m. 21.
[299] Já em sentido crítico, ao caráter formalista e enganoso da percentagem de participação alienada, KARL LARENZ, *Lehrbuch des Schuldrechts*, p. 169.
[300] STEPHAN LORENZ, *Der Unternehmenskauf*, p. 307 ss, MüKo/WESTERMANN, §453, 7ª ed., 2016, n.m. 21. Entre nós, este critério foi salientado por ANTÓNIO FERRER CORREIA, *Sociedades fictícias e unipessoais*, Coimbra, Atlântida, 1948, p. 301 ss e encontra também eco na posição de ANTÓNIO PINTO MONTEIRO / PAULO MOTA PINTO, *Compra e venda de empresa*, p. 83 ss.
[301] Assim já HARM PETER WESTERMANN, *Haftung beim Unternehmens- und Anteilskauf*, ZGR, 1982, (p. 45 ss) p. 55.
[302] CLAUS-WILHELM CANARIS, *Handelsrecht*, p. 159.

Sendo este o cenário geral – e conhecida a oposição entre perspetivas quantitativas, perspetivas qualitativas e perspetivas mistas –, a verdade é que, perante a diversidade de opiniões, há quem realce a importância de as partes, em particular o comprador, arredarem a incerteza através de declarações de vontade.

5. Na doutrina portuguesa, A. Ferrer Correia fez notar o caráter decisivo da vontade negocial, articulada com a posição de domínio sobre a empresa. Segundo o Autor, "decisivo há-de ser sempre o critério da interpretação do contrato, procurando-se descobrir a exacta vontade negocial dos intervenientes"[303]. Ferrer Correia admitia, em todo o caso, a existência de uma verdadeira venda da empresa nas situações de venda da totalidade das participações sociais ou de venda da quase totalidade, ficando apenas de fora uma parte não significativa[304].

António Pinto Monteiro e Paulo Mota Pinto sustentaram que a "aquisição da empresa pela aquisição de participações sociais" se verifica "pelo menos, quando se adquire, não apenas uma posição maioritária, mas antes a totalidade, ou a quase totalidade, das participações sociais, e as partes pretendam atribuir ao comprador a *titularidade da empresa*"[305]. No entendimento destes Autores, o critério quantitativo pode não ser (ou não deve ser) o único atendível e, segundo esclarecem, "o problema não pode, aliás, ser resolvido pela adopção de um critério quantitativo", dado que "qualquer critério numérico fixo depara, desde logo, com a objeção de poder conduzir a resultados injustos, no caso de a percentagem de capital adquirido se situar ligeiramente abaixo dele. O critério quantitativo esbarraria, por outro lado, com a impossibilidade de encontra um limite numérico perfeitamente seguro"[306]. Haveria, pois, dentro de um "mínimo quantitativo", que recorrer ainda a um critério qualitativo, isto é "que partir, antes, da noção juridicamente relevante de venda do estabelecimento e de apurar, por interpretação e por qualificação do contrato, se uma tal venda se verificou, indiretamente, mediante a trans-

[303] Ferrer Correia / Almeno de Sá, *Parecer*, em *A Privatização da Sociedade Financeira Portuguesa*, p. 271.
[304] *Idem*, p. 271.
[305] António Pinto Monteiro / Paulo Mota Pinto, *Compra e venda de empresa*, p. 81.
[306] António Pinto Monteiro / Paulo Mota Pinto, *Compra e venda de empresa*, p. 86.

missão das participações sociais"[307]. Na síntese dos Autores, "dentro de certos limites percentuais, que vão desde a maioria do capital social até à de todo o capital (exceptuada uma "quantidade negligenciável"), haverá (...) que recorrer aos critérios de interpretação do contrato concreto para, numa sua consideração global (também sob o ponto de vista económico) saber se as partes quiseram transferir o próprio domínio e controlo sobre o estabelecimento"[308].

José Engrácia Antunes, por seu turno, considera que "o melhor entendimento consistirá numa *via intermédia* que (...) remeta a solução da questão para os casos concretos, a obter na base da ponderação de três factores essenciais: a morfologia do poder de controlo societário, a vontade das partes contratantes e o fundamento das normas legais aplicandas"[309]. Segundo o Autor, seria defensável uma "equiparação genérica da compra direta e indireta da empresa" sempre que se encontrassem preenchidos os referidos pressupostos[310].

Numa posição distinta das anteriores, Patrícia Afonso Fonseca considera que "o critério principal para determinar a equiparação da venda de participações sociais à venda da empresa é, sem dúvida, a vontade negocial das partes"[311].

António Menezes Cordeiro, revisitando o problema que esteve na génese do caso da Privatização da Sociedade Financeira Portuguesa[312], considerou que "é hoje ponto assente o de que é possível alienar estabelecimentos ou empresas unitariamente, podendo essa venda ser feita através da venda de ações. Elas valem pelo que representam. A aplicabilidade do regime da compra e venda previsto no Código Civil, incluindo o direito da perturbação das prestações que o integra, à venda de empresas, é também ponto assente"[313].

[307] *Idem*, p. 86.
[308] *Idem*, p. 87.
[309] José Engrácia Antunes, *A empresa como objeto de negócios*, pp. 729-730.
[310] José Engrácia Antunes, *A empresa como objeto de negócios*, p. 781.
[311] Patrícia Afonso Fonseca, *A negociação de participações de controlo. A jurisprudência*, p. 34, nota 13.
[312] Para um resumo deste caso e das posições defendidas, *vide* por todos António Menezes Cordeiro, *Tratado*, XI, p. 229 ss.
[313] António Menezes Cordeiro, *Tratado*, XI, p. 233.

Na jurisprudência dos tribunais portugueses, encontramos também uma tomada de posição sobre o assunto. O Ac. do STJ de 26 de novembro de 2014, relator TAVARES DE PAIVA, decidiu o seguinte:

> "Para indagar se com a compra e venda de acções se pretendeu, apenas, a transmissão das participações sociais (compra de direitos) ou, também, da empresa (compra de uma coisa), terá de recorrer-se, entre outros, aos seguintes elementos: interpretação do clausulado contratual, percentagem de participações sociais alienadas, análise do processo que conduziu à formação do contrato e modo de fixação do preço das participações sociais".

6. Na nossa opinião, a doutrina portuguesa tem enquadrado corretamente a questão. Não deve dispensar-se o critério quantitativo como critério mínimo, mas este critério pode não ser suficiente, havendo que pesar fatores qualitativos. Em princípio, a transmissão que não permita a alienação da maioria do capital social necessário para alterar os estatutos não poderá corresponder à venda de uma empresa: o limiar de HOPT parece ser uma condição mínima, mas não necessariamente suficiente. Cumprido este requisito mínimo, haverá que ponderar outros elementos. Neste âmbito, ou a percentagem de capital alienado é suficiente para afirmar a transmissão da empresa – o caso de venda da totalidade do capital social ou da venda da quase totalidade, com resto insignificante não suscitará dúvidas, na falta de outros elementos – ou a conclusão de que a participação de controlo tem em vista a transmissão da empresa terá de ser extraída do texto e do contexto do contrato de compra e venda de ações. Na hipótese de aquisição por entidade que já é acionista, as ponderações devem dizer respeito ao efeito global da aquisição, e não à percentagem da aquisição ou ao teor do negócio transmissivo, considerados isoladamente.

7. Passemos então à *segunda indagação prévia*, correspondente, como dissemos, à possibilidade de estender o regime dos artigos 905º e ss 913º e ss do Código Civil a uma empresa (e, portanto, assumindo já que esta é transmitida, à luz dos critérios anteriores). O ponto está, no fundo, em saber se, no direito português, o regime da venda de bens onerados, ou de bens defeituosos, se cinge a coisas em sentido material, ou se o

mesmo pode ser aplicado a "outras coisas" ou "outras realidades" como a empresa. Das três indagações esta é a que reveste menor dificuldade, na medida em que as posições dominantes entre nós são no sentido de admitir o caráter de coisa do estabelecimento comercial ou da empresa ou de admitir, pelo menos, o exercício de determinados direitos normalmente exercitáveis sobre coisas em relação ao dito estabelecimento. Nesse sentido, foram decisivas as considerações de FERRER CORREIA, ao sublinhar que a empresa constitui "uma coisa incorpórea" mas de tipo especial, pelo facto de "não se reduzir a um *quid* incorpóreo mas radicar em algo de concreto"[314]. Daqui resultaria a clarificação do direito sobre essa "coisa especial" como um "direito absoluto"[315]. Também ANTÓNIO MENEZES CORDEIRO salientou que "o direito civil é substancialista" e que "lida – ou pode lidar – com as realidades económicas do estabelecimento comercial ou da empresa"[316] e que "a noção de coisa subjacente à compra e venda não é de tipo naturalista: trata-se de uma realidade exterior, com todas as caraterísticas, físicas, sociais e jurídicas que a habilitem a desempenhar o papel socio-económico previsto ou pressuposto pelo contrato"[317].

8. Uma *terceira indagação prévia* à determinação do regime aplicável a perturbações na venda de participações acionistas de controlo consiste em clarificar se a noção de defeito do Código Civil se aplica, ou não, a certas "perturbações da empresa" ou, dito de outro modo, se certas vicissitudes serão defeitos. Esta questão diz sobretudo respeito – mas não apenas – às falhas de balanço, a informações financeiras falsas, a dívidas ocultas, a garantias ocultas ou a superveniência de receitas inferiores ao esperado. Se a empresa tiver, na realidade, menos vendas do que as previstas e declaradas, haverá defeito? Se as declarações do vendedor quanto a rubricas do balanço forem erradas, haverá empresa defeituosa? E se existirem dívidas ocultas na contabilidade? Casos como estes foram fonte de hesitação pelos tribunais alemães.

[314] FERRER CORREIA / ALMENO DE SÁ, *Parecer*, em *A Privatização da Sociedade Financeira Portuguesa*, p. 274.
[315] *Idem*, p. 274.
[316] ANTÓNIO MENEZES CORDEIRO, *Tratado*, XI, p. 229.
[317] *Idem*, p. 258.

Uma visão restritiva de defeito impõe a remissão destas hipóteses para o domínio da culpa *in contrahendo*, por violação de deveres de informação pré-contratuais[318]. Outras sustentam que, nos casos em que as falhas do balanço importam perda de valor de valor, as mesmas poderão ser "defeitos"[319]. A ideia de que tudo dependerá do reflexo da vicissitude na empresa como um todo, isto é, na funcionalidade e na capacidade redíticia da empresa, globalmente considerada - ponto que retomaremos adiante –, é também trazida para esta discussão[320]. É uma ligação pertinente, mas que não resolve, por si só, o problema: antes de saber se o defeito afeta a globalidade, há que saber se há sequer defeito.

A dificuldade em aplicar a ideia de defeito à empresa (e a diferenciação entre uma empresa e uma coisa) esteve na base da tese inicialmente defendida por Claus Wilhelm-Canaris, segundo a qual o regime aplicável à venda da "empresa defeituosa" teria de ser intermediado pela ideia de base do negócio[321]. Com efeito, seria duvidosa a equiparação entre uma empresa e uma coisa e questionável o tratamento de problemas da empresa (*substrato* da venda) como problemas do *objeto* da venda. Segundo o Autor, as normas dos antigos §459 ss BGB, que previam a responsabilidade e meios de reação do comprador, não podiam aplicar-se, por si só, nem direta nem analogicamente, à venda da empresa[322], sob pena de deturpação do conceito de "defeito". Contudo,

[318] Jürgen Baur, *Die Gewährleistungshaftung des Unternehmensverkäufers*, p. 383, Ulrich Huber, *Die Praxis des Unternehmenskaufs*, p. 188, Barbara Jagersberger, *Die Haftung des Verkäufers*, p. 64, Hans Gerhard Ganter, *Aufklärungspflichten beim Beteiligungs und Unternehmenskauf*, p. 159, Björn Gaul, *Schuldrechtsmodernisierung und Unternehmenskauf*, p. 40. Em sentido crítico da jurisprudência do BGH que aplica a culpa *in contrahendo*, Claus-Wilhelm Canaris, *Leistungsstörungen beim Unternehmenskauf*, p. 416 ss.

[319] Wolfgang Weitnauer, *Der Unternehmenskauf nach neuem Kaufrecht*, p. 2517.

[320] Manfred Lieb, *Gewährleistung beim Unternehmenskauf*, pp. 273-274.

[321] Claus-Wilhelm Canaris, *Leistungsstörungen beim Unternehmenskauf*, ZGR, 1982, p. 395 ss. No mesmo sentido, defendendo na esteira de Canaris a doutrina da base do negócio, Gerd Müller, *Umsätze und Erträge – Eigenschaften der Kaufsache?*, ZHR 1983, p. 501 ss. Criticando o recurso à ideia de base do negócio, preferindo a via da *culpa in contrahendo*, Ulrich Huber, *Die Praxis des Unternehmenskaufs*, p. 218 ss (desde logo porque não teriam de estar em causa circunstâncias imprevisíveis). Canaris abandonou a sua tese, com a alteração de 2001-2002 do BGB – *vide* Claus-Wilhelm Canaris, *Handelsrecht*, pp. 147-148.

[322] Claus-Wilhelm Canaris, *Leistungsstörungen beim Unternehmenskauf*, p. 398 ss.

a ideia de "base de negócio" permitiria lograr alguma flexibilidade onde a restrição do conceito de "defeito" se revelava impeditiva, outro tanto sucedendo com o regime jurídico aplicável[323]. Esta construção teria, portanto, duas vantagens: por um lado, perderia sentido o escrutínio do "defeito", passando a questionar-se apenas se a circunstância em causa era "base do negócio" e, por outro lado, permitiria, no plano das consequências, propor uma adaptação do contrato pelo tribunal como solução prioritária. Quer dizer isto dizer, em suma, que os requisitos e os efeitos da reação do credor insatisfeito contariam com uma maior flexibilidade.

Também Jürgen Baur defendeu que a *Gewährleistungshaftung* do BGB estava pensada apenas para coisas corpóreas, não podendo aplicar-se à empresa, sublinhando que a venda de "parte da empresa" não pode ser tratada como uma venda de coisa e realçando as limitações do conceito de defeito, com as quais os tribunais alemães, aliás, se debatiam[324]. Para este Autor, a tutela do comprador deveria deslocar-se para o domínio da *culpa in contrahendo*.

Paralelamente a estas reordenações dogmáticas, outra doutrina sublinhava ainda que as declarações sobre caraterísticas económicas ou financeiras da empresa não podem ser compreendidas como uma *zugesicherte Eigenschaft*, nem a falha ou falta de verificação das mesmas pode ser considerada um defeito[325].

O próprio BGH considerou já que a falsidade de informações sobre dados financeiros e sobre a receita da empresa não poderia ser compreendida como defeito, nem como qualidade garantida pelo vendedor[326].

Estas posições, desenvolvidas antes da reforma do BGB, são hoje na Alemanha objeto de dúvidas renovadas, perante a codificação da *culpa in contrahendo* e as modificações do regime da compra e venda, designadamente o §434 BGB. A tendência dominante parece ser no sentido de

[323] Claus-Wilhelm Canaris, *Leistungsstörungen beim Unternehmenskauf*, pp. 396-397 e p. 402 ss.

[324] Jürgen Baur, *Die Gewährleistungshaftung des Unternehmensverkäufers*, p. 382 ss.

[325] Arndt Stengel/ Frank Scholderer, *Aufklärungspflichten beim Beteiligungs- und Unternehmenskauf*, p. 159.

[326] Sentença do BGH de 6.12.1995, NJW-RR 1996, p. 429 ss.

ampliar o conceito de defeito[327]. O regime da culpa *in contrahendo* parece ficar reservado para os casos em que não se possa considerar existir um *defeito* da *empresa* e em que haja violação de um dever de informação ou de confidencialidade[328].

9. Analisando o problema no direito português, temos de partir dos dados legais. Segundo o artigo 913º, nº 1:

> "Se a coisa vendida sofrer de vício que a desvalorize ou impeça a realização do fim a que é destinada, ou não tiver as qualidades asseguradas pelo vendedor ou necessárias para a realização daquele fim, observar-se-á, com as devidas adaptações, o prescrito na secção precedente, em tudo quanto não seja modificado pelas disposições dos artigos seguintes".

Como notou ainda o Ac. do STJ de 21 de maio de 2002 (relator Azevedo Ramos), entre outros:

> "A existência do defeito é um facto constitutivo dos direitos atribuídos ao comprador cabendo a este a respectiva prova, assim como da sua gravidade de molde a afectar o uso ou a acarretar a desvalorização da coisa".

O defeito surge, portanto, associado a (i) um vício que desvalorize a empresa ou impeça a realização do fim a que é destinada (ii) falta das qualidades asseguradas pelo vendedor (iii) falta das qualidades necessárias para a realização do fim a que a empresa é destinada.

Vários argumentos depõem a favor de um sentido amplo de defeito.

Em *primeiro lugar*, a letra do artigo 913º, nº 1, que conjuga elementos objetivos e subjetivos.

Em *segundo lugar*, a natureza da norma do artigo 913º, nº 1: trata-se de um parâmetro de interpretação do contrato, mas o critério último da existência de defeito é a vontade das partes[329].

[327] Assim, por exemplo, Wolfgang Weitnauer, *Der Unternehmenskauf nach neuem Kaufrecht*, p. 2513. Considerando ser esta doutrina maioritária, com várias citações, António Pinto Monteiro / Paulo Mota Pinto, *Compra e venda de empresa*, p. 93.

[328] Maximilan Rittmeister, *Gewährleistung beim Unternehmenskauf*, p. 149.

[329] Assim, Manuel Carneiro da Frada, *Perturbações típicas do contrato de compra e venda*, 116.

Em *terceiro lugar*, quanto às qualidades asseguradas, nota-se, com Pedro Romano Martinez, que pode estar em causa uma mera descrição de caraterísticas do bem, sem qualquer garantia propriamente dita associada[330].

Em *quarto lugar*, a formulação legal ampla é reforçada pela perspetiva flexível sustentada por alguma doutrina. António Menezes Cordeiro, salientou mesmo que o Código Civil pretendeu "dar uma ideia tão flexível quanto possível, de modo a acompanhar a sempre multifacetada realidade", adotando "uma fórmula que superasse as antigas querelas entre o vício da coisa e a ausência de qualidades"[331]. Segundo o Autor, perante uma contingência não revelada aos compradores, nem contabilizada (o pagamento de um valor de uma garantia bancária autónoma emitida pela sociedade visada) é possível "falar em vício"[332]. Apesar de este entendimento não ser indisputado, e contar até com opiniões relevantes em sentido oposto[333], parece-nos um bom ponto de partida, ficando embora por esclarecer melhor a fronteira entre ónus e defeito (regressaremos a este aspeto *infra* no número 11 deste ponto 3.2.1)[334].

O conceito de defeito é, portanto, amplo e incorpora também um sentido subjetivo de vício. Por este motivo, não vemos razões para excluir à partida as vicissitudes acima descritas, como ativos sobreavaliados, passivos subavaliados ou dívidas ocultas, do conceito de defeito (dizemos "à partida" porque a conclusão final dependerá do confronto entre defeito e ónus, do qual nos ocuparemos no número 11 seguinte). Até a falta de rendimento esperado, dependendo do teor do acordo entre as partes, pode, quanto a nós, ser considerada um defeito, desde que corresponda a uma circunstância assegurada pelo vendedor, não obstante

[330] Pedro Romano Martinez, *Cumprimento defeituoso*, p. 173.

[331] *A Privatização da Sociedade Financeira Portuguesa*, pp. 122-123.

[332] *A Privatização da Sociedade Financeira Portuguesa*, p. 125.

[333] De sublinhar a opinião de Inocêncio Galvão Telles, Autor do anteprojeto (1949), para quem o disposto nos artigos 913º e ss "supõe claramente um objecto material, corpóreo" – *A Privatização da Sociedade Financeira Portuguesa*, p. 196.

[334] Para Ferrer Correia / Almeno de Sá, *Parecer*, em *A Privatização da Sociedade Financeira Portuguesa*, p. 283 estava em causa um ónus da coisa complexa que era a empresa, cuja transmissão teria operado através da venda das ações.

existirem posições em contrário[335] e a jurisprudência não ter ainda, segundo cremos, apoiado decisivamente nenhuma solução.

10. Reunidas as condições para uma equiparação, uma posição dominante na doutrina alemã[336], com apoios entre nós[337], sustentou a aplicação das regras sobre venda de coisas oneradas ou defeituosas à venda de direitos que se traduz na venda da empresa através da venda de participações sociais. Esta posição baseia-se em dois aspetos. Por um lado, na falta de impedimento à aplicação do referido regime, que seria elástico o suficiente para albergar estes casos e também adequado para os reger. Por outro lado, nos inconvenientes das outras opções, nomeadamente da via da culpa *in contrahendo*, perante a exigência de culpa e a possível limitação ao interesse contratual negativo, em caso de violação de deveres de informação.

11. No direito português atual, os problemas não ficam, porém, por aqui. Mesmo admitindo que o regime seja o dos vícios da empresa, perguntar-se-á se o vício é material ou jurídico. Dito de outro modo, nos casos em que há uma venda de participações acionistas de controlo equiparável à venda da empresa e em que o regime da venda de bens onerados ou defeituosos é potencialmente aplicável, haverá ainda que diferenciar entre ónus e defeito e que determinar qual o regime que deve prevalecer. Este aspeto é relevante, dado que, entre outros aspetos:

[335] Assim, António Menezes Cordeiro, *Tratado*, XI, p. 229. Considerando que pode discutir-se se se trata de um ónus ou de um defeito, António Pinto Monteiro / / Paulo Mota Pinto, *Compra e venda de empresa*, p. 93.

[336] Karl Larenz, *Lehrbuch des Schuldrechts*, pp. 166-167, Ralf Bergjan, *Die Auswirkungen der Schuldrechtsreform*, p. 126-127, Manfred Lieb, *Gewährleistung beim Unternehmenskauf*, p. 279. Com várias referências doutrinárias e jurisprudenciais, Ulrich Huber, *Die Praxis der Unternehmenskaufs*, p. 185 e p. 191. No direito espanhol, já considerou preferível a aplicação das "acciones edilicias", mas no pressuposto de que os vícios existentes se conjugam com os requisitos legais – Miguel Gimeno Ribes, *La protección del comprador*, p. 167.

[337] Em sentido análogo, António Pinto Monteiro / Paulo Mota Pinto, *Compra e venda de empresa*, p. 90 ss, Patrícia Afonso Fonseca, *A negociação de participações de controlo. A jurisprudência*, p. 34.

a) A venda de bens defeituosos prevê prazos de caducidade (cf. artigo 916º);
b) A indemnização em caso de anulação é diferente: no caso da venda de bens onerados, a anulação baseada em erro prescinde de culpa do vendedor, ainda que fique limitada a danos emergentes (artigo 909º), enquanto na venda de bens defeituosos o vendedor não terá de indemnizar se desconhecia sem culpa o vício do bem (artigo 915º), ainda que possa admitir-se uma presunção de culpa nos termos gerais (artigo 799º)[338].

O que têm em comum o ónus e o defeito? Como bem notou Ferrer Correia, em ambos os casos há "um desvalor, uma diminuição em relação ao *standard* pressuposto"[339].

E como se podem diferenciar ónus e defeito? Um ponto de partida parece ser o seguinte: no caso da oneração do bem há uma diminuição de valor resultante da situação jurídica, logo de um vício de direito, enquanto no defeito do bem há uma desvalorização resultante do estado material do mesmo, logo um vício da coisa ou "de facto". Pedro Romano Martinez concluiu mesmo que "o defeito da coisa corresponde a um desvio em relação à qualidade material do bem; enquanto o defeito de direito deriva dos antecedentes jurídicos da coisa ou da sua relação com o meio ambiente"[340].

A doutrina tem ainda mencionado que, tendencialmente, o defeito será uma imperfeição material e o ónus uma imperfeição jurídica[341]. Assim sendo, em princípio, uma dívida oculta poderia representar um ónus da empresa, o mesmo sucedendo com a sobreavaliação de um ativo indevidamente registado no balanço. Já a falta ou defeito de um bem essencial à laboração da unidade fabril poderia corresponder a um defeito.

Contudo, parece-nos que a circunstância de o Código Civil acolher um conceito de defeito amplo, apto a integrar vícios e falta de qualidades acordadas, implica que só seja possível esclarecer se determi-

[338] Admitindo a presunção de culpa no cumprimento defeituoso, Luís Menezes, *Direito das Obrigações*, II, p. 278.

[339] Ferrer Correia / Almeno de Sá, *Parecer*, em *A Privatização da Sociedade Financeira Portuguesa*, p. 283.

[340] Pedro Romano Martinez, *Cumprimento defeituoso*, p. 200.

[341] Manuel Carneiro da Frada, *Perturbações típicas do contrato de compra e venda*, p. 109 ss.

nada vicissitude é um ónus ou um defeito perante as circunstâncias do caso concreto, isto é, dependendo da concreta contingência verificada em relação/dentro da empresa e com repercussão na própria empresa. A falta de qualidades asseguradas pelo vendedor poderá ser um defeito, não sendo necessário que haja uma imperfeição material.

Ainda que admitindo este "potencial expansivo" da venda de bens defeituosos, pode perguntar-se se este é o melhor caminho, isto é, se deverá diferenciar-se entre ónus e defeito em relação ao mesmo bem, que é a empresa, ou será preferível seguir um só regime. Do nosso ponto de vista, um regime unitário seria claramente preferível, mas, à luz do atual Código Civil, parece-nos difícil, mesmo admitindo uma *coisificação* ou uma proximidade com a coisa da empresa, diluir a diferenciação entre ónus e defeito. Este é, contudo, um problema que resulta da opção do legislador (falta de unidade entre os regimes de vícios na compra e venda) e não da construção proposta para enquadrar as hipóteses de venda de participações acionistas.

12. Antes de avançarmos na análise dos regimes impõe-se, ainda, uma *quarta indagação prévia*. Nas hipóteses de equiparação entre a venda de participações acionistas de controlo e a venda da empresa sem "declarações e garantias", ou sem um sistema autónomo de "declarações e garantias" (havendo, portanto, que conjugar as disposições contratuais com o regime legal), a aplicação do regime da venda de bens onerados ou defeituosos não pode fazer-se com segurança sem esclarecer um outro aspeto, que é o de saber se devemos (i) acolher uma visão isolada de defeito ou ónus ou (ii) acolher uma visão conjunta de defeito ou ónus.

A empresa é uma "unidade económica" e "jurídica"[342] ou, seguindo a noção de António Pinto Monteiro e Paulo Mota Pinto, um "conjunto organizado de factores produtivos que pode incluir quer coisas materiais quer coisas incorpóreas, direitos e outros valores de explo-

[342] No direito alemão atual, controversa é a noção de *Beschaffenheit* para efeitos do §434 BGB, parecendo ser dominante a ideia de uma continuidade do direito anterior à reforma, como a de Ulrich Huber, *Die Praxis des Unternehmenskaufs*, p. 179 e 228, ou de Annemarie Matusche (Staudinger/Matusche, 2014, §434, n.m. 51). Vejam-se, porém, outras posições em Maximilan Rittmeister, *Gewährleistung beim Unternehmenskauf*, p. 54 ss. Considerando que a concorrência entre os regimes poderá manter-se no atual regime, Stephan Lorenz, *Der Unternehmenskauf* p. 322.

ração e que adquire um valor de posição no mercado, a implicar uma cuidadosa análise da relação entre esse todo e os elementos que o constituem" e, por isso, uma unidade económica que é também uma "unidade jurídica objetiva"[343].

Se o conceito de defeito é amplo e flexível, objetivo e subjetivo, isto não quer dizer que o defeito de um dos elementos da empresa seja necessariamente um defeito da empresa[344]. Haverá, portanto, que diferenciar entre defeito do elemento da empresa e defeito da empresa[345]. A chamada "teoria da relevância global" (*Gesamterheblichkeitstheorie*) considera que (só) existe defeito (ou ónus) da empresa quando o defeito (ou ónus) de um dos seus elementos tem implicações no valor, posição de mercado ou funcionalidade da empresa como um todo[346]. Podemos diferenciar, na esteira de LARENZ[347], entre os casos em que, na empresa vendida, existe uma coisa corpórea, por exemplo uma máquina, defeituosa, cuja importância é fundamental para a prossecução do fim da empresa de produção industrial. Nestas hipóteses, torna-se mais evidente a proximidade entre uma "empresa defeituosa" e uma "coisa defeituosa". Outros casos há, porém, em que esta associação não se verifica ou não é evidente. Não é, pois, de estranhar que algumas posições, como a de GRIGOLEIT e HERRESTAL, sublinhem que a ideia de "defeito da empresa" deverá sempre ser apreciada sob pano de fundo da globalidade da empresa, e não isoladamente quanto ao concreto elemento[348], não surpreendendo, de igual modo, o entendimento de BARBARA GRUNEWALD, ao sufragar uma restrição das consequências da venda

[343] FERRER CORREIA / ALMENO DE SÁ, *Parecer*, em *A Privatização da Sociedade Financeira Portuguesa*, p. 267, ANTÓNIO PINTO MONTEIRO / PAULO MOTA PINTO, *Compra e venda de empresa*, p. 77.

[344] CLAUS-WILHELM CANARIS, *Handelsrecht*, p. 148.

[345] *Idem*, *Handelsrecht*, p. 149.

[346] BARBARA JAGERSBERGER, *Die Haftung des Verkäufers*, p. 59, MANFRED LIEB, *Gewährleistung beim Unternehmenskauf*, pp. 273-274.

[347] KARL LARENZ, *Lehrbuch des Schuldrechts*, pp. 166-167.

[348] HANS CHRISTOPH GRIGOLEIT / CARSTEN HERRESTHAL, *Grundlagen des Sachmängelhaftung im Kaufrecht*, JZ 2003, (p. 118 ss), p. 125. No mesmo sentido, MARC-PHILIPPE WELLER, *Sachmängelhaftung beim Unternehmenskauf*, *in Festschrift für Georg Maier-Reimer zum 70. Geburtstag*, Beck, Munique, 2010, (p. 839 ss), p. 844 ss, STEFAN SCHRÖKER, *Unternehmenskauf nach der Schuldrechtsreform*, p. 72 e p. 79.

de empresa defeituosa aos casos em que a empresa como um todo é defeituosa[349]. Esta posição, que não é pacífica, reconhece-se[350], tem já expressão também na doutrina nacional[351], e é quanto a nós de acolher: não interessa o defeito de cada bem ou elemento individualmente considerado, mas a sua repercussão na funcionalidade (ou no valor) do conjunto.

Uma nota final deve ser realçada. É que a própria noção da relevância da vicissitude enquanto defeito pode ser conformada pela vontade das partes (artigo 405º do Código Civil). Neste contexto, MARC-PHILIPPE WELLER alerta para o facto de as partes poderem convencionar que o defeito de um determinado bem será considerado um defeito da empresa para efeitos de aplicação do regime jurídico da venda de coisas defeituosas [352]. Esta formulação corresponderá ao que podemos designar de uma versão subjetiva da *Gesamterheblichkeitstheorie* e, em princípio, não haverá razão para a afastar.

4.2. Concurso de pretensões?

1. Se a transmissão das participações acionistas de controlo puder ser equiparada à transmissão da empresa e existir um "vício da empresa", o regime jurídico da venda de bens onerados ou de bens defeituosos poderá ser aplicado, mas caberá ao comprador, antes de exercer os seus direitos, decidir a via que considera preferível. Com efeito, nestes casos, fica "aberta a porta" da venda de bens onerados ou defeituosos, mas não ficam "fechadas as portas" da responsabilidade fundada em culpa *in contrahendo*, nem do erro sobre o objeto ou sobre a base do negócio.

[349] BARBARA GRUNEWALD, *Die Grenzziehung zwischen der Rechts- und Sachmängelhaftung beim Kauf*, Bona, 1980, p. 91.

[350] *Vide*, por HERMANN KNOTT, *Unternehmenskauf nach der Schuldrechtsreform*, NZG, 2002, (p. 249 ss), p. 251, SEBASTIAN GRONSTEDT/ STEFAN JÖRGENS, *Die Gewährleistungshaftung*, p. 54 ss, em particular p. 61.

[351] ANTÓNIO PINTO MONTEIRO / PAULO MOTA PINTO, *Compra e venda de empresa*, p. 91: "os vícios terão (...) de ser vistos em relação, não a cada objecto, mas a toda a unidade funcional que foi adquirida, e que é o estabelecimento".

[352] MARC-PHILIPPE WELLER, *Sachmängelhaftung beim Unternehmenskauf*, p. 846-847.

Segundo alguns Autores alemães, o ponto de partida é o de que, em princípio, o regime da venda de coisa defeituosa é *lex specialis* em relação à culpa *in contrahendo*[353], tal como é *lex specialis* em relação ao erro[354] e ao regime das perturbações da base do negócio[355]. No caso da venda da empresa, acrescenta-se, porém, que a culpa *in contrahendo* não fica excluída se não for de aplicar o regime da venda "defeituosa", por falta de verificação de requisitos materiais[356], nomeadamente por ausência de "defeito". Duvidosa seria já a possibilidade de admitir uma aplicação paralela dos regimes, ou uma aplicação dependente da escolha do comprador[357]. Contudo, é preciso notar também que, no direito alemão, a ideia da prevalência da disciplina dos vícios redibitórios foi acompanhada de duas outras circunstâncias: por um lado, e mais relevante, a tendência para interpretar restritivamente defeito[358] e, por outro lado, a ausência de consagração legal da culpa *in contrahendo.*

2. Entre nós, o problema do concurso entre pretensões foi também examinado por Pedro Romano Martinez. Segundo o Autor, é de reconhecer a especialidade das regras dos artigos 905º e 913º e ss em relação

[353] Roland Michael Beckmann, *Kauf, in* Staudinger/Eckpfeiler, 2014, n.m. 164, Ulrich Huber, *Die Praxis des Unternehmenskaufs*, p. 186-187, Arndt Stengel / Frank Scholderer, *Aufklärungspflichten beim Beteiligungs-und Unternehmenskauf*, NJW 1994, p. 159, MüKo/Westermann, §453, 7ª ed., 2016, n.m. 23, Stefan Schröker, *Unternehmenskauf nach der Schuldrechtsreform*, p. 89. Sobre o problema do concurso entre vícios da vontade e culpa *in contrahendo*, no direito anterior à reforma, *vide* Holger Fleischer, *Konkurrenzprobleme um die culpa in contrahendo: Fahrlässige Irreführung versus arglistige Täuschung*, AcP, 2000, p. 91 ss. Entre nós, colocando já essa interrogação, veja-se o Parecer de Inocêncio Galvão Telles em *A Privatização da Sociedade Financeira Portuguesa*, p. 195.

[354] Barbara Grunewald, *Kaufrecht*, Mohr Siebeck, Tubinga, 2006, p. 184 ss, Roland Michael Beckmann, *Kauf, in* Staudinger/Eckpfeiler, 2014, n.m. 161.

[355] Barbara Grunewald, *Kaufrecht*, p. 189 ss.

[356] Assim, por exemplo, Johannes Wertenbruch, *Gewährleistung beim Unternehmenskauf*, *Das neue Schuldrecht in der Praxis* (org Barbara Dauner-Lieb/ Horst Konzen/ Karsten Schmidt), Colónia, 2003, p. 512 ss, Christopher Rudolf Mellert, *Selbständige Garantien*, p. 1673, Stefan Schröker, *Unternehmenskauf nach der Schuldrechtsreform*, p. 89.

[357] Assim, por exemplo, em sentido restritivo Stefan Schröker, *Unternehmenskauf nach der Schuldrechtsreform*, p. 89.

[358] Ulrich Huber, *Die Praxis des Unternehmenskaufs*, p. 186 ss.

às regras gerais de responsabilidade contratual (798º ss)[359]. Em sentido crítico quanto a posições que privilegiam o regime geral, sublinha Pedro Romano Martinez o seguinte: "com o intuito de fugir à aplicação dos prazos curtos de exercício de direitos constantes do regime especial, considera-se que, estando em causa uma falta de qualidade que não se identifica com um vício, recorre-se à responsabilidade geral. Esta posição não encontra qualquer apoio na letra da lei, nem em Portugal, nem nos espaços jurídicos onde se encontra divulgada, e constitui um expediente para se proferirem decisões com base na mera equidade"[360]. No que respeita ao regime do erro e dos vícios das coisas, o Autor considerou que não haveria concurso real, dado que as figuras teriam previsões distintas[361]. Quanto à relação entre regime da venda de coisa defeituosa e culpa *in contrahendo*, Romano Martinez considerou que esta só poderá ter uma aplicação residual "relativamente a aspetos que forem alheios aos defeitos da prestação"[362].

António Menezes Cordeiro, por seu turno, sustentou ser admissível a aplicação do regime da culpa *in contrahendo* à compra e venda se tiver ficado um dano por indemnizar. Nas palavras do Autor, "tendo a compra e venda levado à transmissão de uma coisa defeituosa, cabem os remédios previstos pelos artigos 913º e seguintes. Todavia, se tais remédios não forem suficientes para eliminar a totalidade dos danos ilicitamente provocados, não há consumpção: a culpa *in contrahendo* opera pela demasia dos danos"[363].

3. Pela nossa parte, entendemos o problema não se pode resolver através da fixação de hierarquia entre tipos de responsabilidade[364],

[359] Pedro Romano Martinez, *Cumprimento defeituoso*, p. 271.

[360] *Idem*, p. 273.

[361] Pedro Romano Martinez, *Cumprimento defeituoso*, p. 45.

[362] Pedro Romano Martinez, *Cumprimento defeituoso*, p. 59.

[363] António Menezes Cordeiro, *Tratado*, XI, p. 279. Noutra passagem nota ainda o Autor: "vários institutos podem ser avocados para solucionar problemas do tipo dos colocados pela privatização da SFP. Desde que não haja duplicação de indemnizações ou soluções incompatíveis, a admissiblidade de confluências é pacífica" – *Tratado*, XI, p. 232.

[364] Sobre estas, Miguel Teixeira de Sousa, *O concurso de títulos de aquisição da prestação. Estudo sobre a dogmática da pretensão e o concurso de credores*, Almedina, Coimbra, 1988, p. 150 ss.

devendo, antes reconhecer-se um espaço de livre decisão às partes, se não existirem razões imperativas que a comprimam ou afastem. A autonomia privada (artigo 405º) favorece, pois, a atribuição de uma faculdade de escolha do meio adequado, desde que os requisitos do mesmo estejam preenchidos. Por estas razões, não vemos razões para não admitir que vários institutos possam concorrer. O cumprimento da prestação debitória visa satisfazer o interesse do credor – é a "actuação do meio juridicamente disposto *para a satisfação do interesse do credor*"[365] – e deve, por isso, ser com base neste elemento funcional que devem ser delimitados os meios de reação perante a falta de cumprimento. O credor pode exercer os direitos que a lei prevê, desde que o faça de boa-fé (artigo 762º, nº 2) e sem incorrer em abuso (cf. artigo 334º).

4. Problema distinto é o de saber se o comprador dispõe de *ius variandi*. Alguns Autores admitem, por exemplo, que o comprador, mesmo depois de expirado o prazo fixado ao vendedor para eliminação do defeito, poderia exigir novamente o cumprimento *ou* resolver o contrato. Os limites do *ius variandi* do credor resultariam apenas da necessidade de tutela da confiança do devedor. O credor teria, assim, direito a "mudar de rumo" até ao momento em que o devedor conformasse a sua conduta com um deles[366]. Pela nossa parte, entendemos, novamente, que o credor pode exercer os direitos que a lei associa ao incumprimento, desde que o faça de boa-fé (artigo 762º, nº 2) e sem incorrer em abuso (cf. artigo 334º). Este deve ser o ponto de partida, muito embora, para evitar uma indefinição da situação do devedor, não deva ficar afastada a solução de fixação de um prazo razoável de decisão.

5. Nos casos em que não há uma venda de participações acionistas de controlo equiparável à venda da empresa, a tutela do comprador residirá sobretudo na responsabilidade fundada em culpa *in contrahendo* e no erro sobre a base do negócio. Examinaremos adiante, em separado, ambas as figuras. Nesta sede, convirá apenas aclarar as relações entre a culpa *in contrahendo* e o erro sobre a base do negócio. Se se verificarem

[365] João Antunes Varela, *Das obrigações*, II, p. 9.
[366] Beate Gsell, *Das Verhältnis von Rücktritt und Schadensersatz*, JZ 2004, (p. 643 ss), p. 647 ss.

os requisitos de ambas, o comprador pode optar entre seguir um caminho ou outro. Podem, porém, não estar verificados requisitos exigíveis. Desde logo, porque a culpa *in contrahendo* pressupõe a violação de deveres pré-contratuais, culpa e um dano (além dos demais requisitos da responsabilidade civil), ao contrário do que sucede no erro sobre a base do negócio. Depois, porque a modificação com base em erro sobre a base do negócio deve ser exercida no prazo de anulação do contrato (artigos 252º, nº 2 e 287º, nº 1).

6. Nos casos em que não há sequer venda de participações acionistas de controlo, isto é, em que o negócio transmissivo não permite a aquisição de um poder de influência dominante sobre a sociedade visada, o regime jurídico aplicável poderá ser, como dissemos, o da responsabilidade fundada em culpa *in contrahendo* e o do erro sobre a base do negócio. Valem, pois, as considerações que expendemos no ponto anterior.

4.3. Excurso: modernização direito das obrigações

1. Antes de avançamos, uma nota adicional, numa perspetiva de modernização do direito das obrigações. A situação atual do direito português não corresponde a uma ausência de meios de reação no caso de perturbações de venda de participações acionistas de controlo, mas oferece manifesta complexidade, em prejuízo da segurança jurídica e da operacionalidade dos meios de tutela. O legislador alemão, ciente desta preocupação, dedicou atenção ao problema na reforma de 2001-2002, valendo a pena deixar aqui uma breve nota sobre esta iniciativa e sobre o impacto da mesma.

2. O "novo BGB" veio estabelecer que são aplicáveis correspondentemente à compra de direitos e outros objetos as regras previstas para a compra de coisas (cf. §453 BGB)[367]. Tem-se entendido que a empresa

[367] Sobre o enquadramento anterior à modernização, pode ver-se MANUEL NOGUEIRA SERENS, *A equiparação de share deal a asset deal no direito alemão*, p. 56 ss.

pode ser um *outro objeto*[368]. A lei fixou, ainda, que o vendedor está obrigado a entregar ao comprador uma coisa livre de vícios jurídicos e materiais quando está em causa a venda de um direito que habilita à aquisição da posse da coisa (§433/ 1 e 2 BGB).

A reforma do direito alemão das obrigações criou, assim, condições para um regime jurídico unitário para a venda de coisas e de direitos[369], com consequências relevantes quanto às perturbações da prestação na venda de uma empresa[370]. Segundo nota CANARIS, "o vendedor está obrigado de acordo com o §433/1, 2ª parte BGB a vender uma empresa livre de defeitos", podendo recorrer aos meios previstos na lei para venda de coisas defeituosas, com as devidas adaptações[371].

Contudo, a reforma não resolveu todas as questões, apenas deu "um passo" no sentido do seu esclarecimento. Com efeito, continua a poder discutir-se o conceito de defeito[372] – em particular o conceito de acordo sobre a qualidade "*Beschaffenheit*" para efeitos dos §434 ss BGB[373], acordo esse cujo sentido só pode ser apreendido à luz da interpretação do

[368] Por exemplo, BARBARA DAUNER-LIEB / JAN THIESSEN, *Garantiebeschränkungen in Unternehmenskaufverträge*, p. 110.

[369] DANIEL ZIMMER / THOMAS ECKHOLD, *Das neue Mängelgewährleistungsrecht beim Kauf*, JURA 2002,(p. 145 ss), p. 146 ss, ULRICH HUBER, *Die Praxis des Unternehmenskaufs*, p. 229 ss.

[370] No direito alemão posterior à reforma, o §453/1 do BGB prevê a aplicação das regras especiais relativas à compra e venda de coisas à compra e venda de direitos. No direito pretérito, cf. CLAUS-WILHELM CANARIS, *Leistungsstörungen beim Unternehmenskauf*, p. 395 ss. Depois da *Lei de Modernização do Direito das Obrigações*, cf. CLAUS-WILHELM CANARIS, *Die Neuregelung des Leistungsstörungs und des Kaufrechts – Grundstrukturen und Problemschwerpunkte*, em Karlsruher Forum 2002: Schuldrechtsmodernisierung, org. Egon Lorenz, VVW, Karlsruhe, 2003, p. 10 ss, JOHANN KINDL, *Unternehmenskauf und Schuldrechtsmodernisierung*, WM, 2003, p. 409 ss, MICHAEL FISCHER, *Die Haftung des Unternehmensverkäufers nach neuem Schuldrecht*, DStR 2004, p. 276 ss, STEPHAN LORENZ, *Der Unternehmenskauf* p. 305 ss,

[371] CLAUS-WILHELM CANARIS, *Handelsrecht*, p. 146.

[372] BJÖRN GAUL, *Schuldrechtsmodernisierung und Unternehmenskauf*, p. 38 ss, STEFAN SCHRÖKER, *Unternehmenskauf nach der Schuldrechtsreform*, p. 78 ss, SEBASTIAN GRONSTEDT / STEFAN JÖRGENS, *Die Gewährleistungshaftung*, p. 54 ss. Para uma visão geral do novo §434 e da noção de defeito, MÜKO/WESTERMANN, §434, 7ª ed., 2016, n.m. 6 ss.

[373] *Vide* HANS CHRISTOPH GRIGOLEIT / CARSTEN HERRESTHAL, *Grundlagen des Sachmängelhaftung im Kaufrecht*, p. 122 ss (ainda que a posição destes autores não reflita a doutrina dominante) e DIRK LOOSCHELDERS, *Beschaffenheitsvereinbarung*, p. 397 ss.

negócio jurídico, admitindo-se que, nos casos em que os requisitos do §434/1 não se encontram preenchidos – e apenas nestes[374] –, pode haver culpa *in contrahendo*[375] – e, embora com menos intensidade, a discutir-se ainda a limitação do conceito de defeito a coisas corpóreas[376], havendo quem aluda, como Canaris, a um "defeito da empresa" enquanto defeito autónomo, distinto do "defeito da coisa"[377]. Continua ainda a discutir-se o âmbito de aplicação do §453/1 BGB, isto é, a determinação dos casos em que a *venda é, efetivamente, a venda da empresa*, isto é, da equiparação do *share deal* ao *asset deal*[378] e, portanto, se outros regi-

[374] Salientando a menor necessidade de recorrer ao regime da culpa *in contrahendo* no novo regime, seja porque o conceito de defeito não é tão estreito como se considerou no direito anterior, seja pelas modificações operadas quanto à prescrição, mas reconhecendo que o regime da culpa *in contrahendo* pode continuar a aplicar-se em paralelo com ou em substituição do regime dos vícios da coisa, Claus-Wilhelm Canaris, *Handelsrecht*, p. 147. Os casos de c.i.c. seriam, marginais, como, por exemplo, a hipótese em que o vendedor transmitiu ao comprador uma informação sobre elementos financeiros da empresa, mas sem que tenha havido propriamente um acordo sobre uma qualidade da empresa (*idem*, p. 156). O regime dos §434 ss seria preferível, por garantir consistência sistemática e coerência valorativa. O problema da venda da empresa seria nuclearmente um problema de equivalência ou de perturbação do fim (*idem* p. 157). Considerando que no novo regime não há razão para o recurso à culpa *in contrahendo*, dado que a venda de participações sociais pode ser considerada uma venda de uma coisa e que um defeito existe quando o objeto da venda não corresponde ao acordado e que, por isso, na generalidade dos casos, o comprador poderá recorrer à "paleta de direitos" dos §434 ss, Barbara Dauner-Lieb/ Jan Thiessen, *Garantiebeschränkungen in Unternehmenskaufverträge*, p. 110.

[375] Staudinger/Feldmann, 2018, §311, n.m. 128, MüKo/Westermann, §453, 7ª ed., 2016, n.m. 20.

[376] Hans Christoph Grigoleit / Carsten Herresthal, *Grundlagen des Sachmängelhaftung im Kaufrecht*, p. 125 consideram que, mesmo no caso de *asset deal*, caraterísticas relativas ao balanço ou à capacidade reditícia da empresa não podem ser consideradas caraterísticas físicas de uma coisa, pelo que ficaria excluído o regime dos §434 ss. Em sentido diverso (e que parece corresponder à posição dominante), admitindo que os dados relativos à empresa podem ser objeto de um "acordo sobre as qualidades" para efeitos do regime da venda de coisas defeituosas. Nestes dados incluir-se-iam informações sobre capacidade reditícia, entre outros – MüKo/Westermann, §453, 7ª ed., 2016, n.m. 29.

[377] Claus-Wilhelm Canaris, *Handelsrecht*, p. 147.

[378] Considerando que no novo direito não há lugar para uma diferenciação dogmática entre o regime dos vícios de uma venda de participações sociais e o regime dos vícios

mes podem aplicar-se, como o erro ou a culpa *in contrahendo*[379]. O novo preceito legal veio acolher apenas a ideia, já comum na jurisprudência, de aplicação analógica do regime dos vícios da coisa à compra da empresa[380]. Como nota GRUNEWALD, a remissão legal do §453 não quer dizer que o vendedor de parte da empresa, mas inferior à totalidade ou quase totalidade, deva responder perante o comprador como se tivesse vendido uma coisa[381]. Para Autores que, como HUBER, exijam uma alienação de uma totalidade do capital ou de percentagem análoga, vários serão os casos excluídos do §453[382]. A tendência dominante parece ser mesmo para manter o entendimento anterior quanto à distinção entre *asset deal* e *share deal*[383]. Caberá, depois, verificar se a concreta contingência em causa pode ser compreendida como um defeito ou não.

HENSSLER nota que "o direito da responsabilidade do vendedor na venda da empresa se conta entre as questões mais discutidas do novo

de uma venda da empresa, do ponto de vista das respetivas consequências, SEBASTIAN GRONSTEDT / STEFAN JÖRGENS, *Die Gewährleistungshaftung*, p. 55. Permanece, assim, em aberto a questão de saber quando é que o vendedor de parte das participações sociais deve responder por uma prejuízo quanto ao valor da empresa (*ibidem*). Veja-se ainda NK-BGB/BÜDENBENDER (3ª ed., 2016), anexo II aos §433-480, n.m. 103 ss, MÜKo/ /WESTERMANN, §453, 7ª ed., 2016, n.m. 19, ULRICH HUBER, *Die Praxis des Unternehmenskaufs*, p. 231, BERND HAUCK, *Mängel des Unternehmens beim Unternehmens-und Beteiligungskauf*, p. 490 ss, SUSANNE NIESSE, *Die leistungsstörungsrechtlichen Grundstrukturen des deutschen, französischen und englischen Unternehmenskaufrechts im Vergleich*, p. 83 ss, MARC-PHILIPPE WELLER, *Sachmängelhaftung beim Unternehmenskauf*, p. 841 ss. Considerando dever aplicar-se os critérios anteriores à reforma e aludindo a um critério quantitativo, HANS CHRISTOPH GRIGOLEIT / CARSTEN HERRESTHAL, *Grundlagen des Sachmängelhaftung im Kaufrecht*, p. 125. Aludindo também a uma continuidade com a jurisprudência anterior, mas indicando 75% como limite a partir do qual será possível a equiparação do *share deal* ao *asset deal*, WOLFGANG WEITNAUER, *Der Unternehmenskauf nach neuem Kaufrecht*, pp. 2515-2516.

[379] Sobre os problemas, BARBARA JAGERSBERGER, *Die Haftung der Verkäufers*, p. 103 ss e p. 405 ss, respetivamente, MAXIMILAN RITTMEISTER, *Gewährleistung beim Unternehmenskauf*, Francoforte, 2005, pp. 40-41 e RALF BERGJAN, *Die Auswirkungen der Schuldrechtsreform*, p. 132 ss.

[380] SEBASTIAN GRONSTEDT / STEFAN JÖRGENS, *Die Gewährleistungshaftung*, p. 53.

[381] BARBARA GRUNEWALD, *Rechts-und Sachmängelhaftung beim Kauf von Unternehmensanteilen*, NZG 2003, p. 373.

[382] ULRICH HUBER, *Die Praxis des Unternehmenskaufs*, p. 231.

[383] MARC-PHILIPPE WELLER, *Sachmängelhaftung beim Unternehmenskauf*, *FS für Georg Maier-Reimer zum 70. Geburtstag*, Beck, Munique, 2010, (p. 839 ss), p. 841 ss.

direito após a entrada em vigor da reforma do direito das obrigações"[384], mas não deixa também de alertar para o facto de as novas regras obrigarem a uma nova dogmática.

3. Como dissemos, no direito português, não existe uma norma legal que expressa e diretamente regule as consequências, ou os meios de reação do comprador, perante uma situação de falha do cumprimento na venda da empresa. Não obstante, entre nós, tal como no direito alemão anterior à *Modernisierung*, pode admitir-se uma equipação da venda das participações acionistas de controlo à venda de coisa, se se tratar de uma venda da empresa (*Unternehmenskauf*), nos termos e de acordo com os critérios anteriormente analisados. Não sendo a venda da participações sociais uma *Unternehmenskauf*, ou não sendo a venda dos direitos uma venda de coisas, não nos parece que possa ser aplicável o regime jurídico dos vícios da coisa, ficando, porém, em aberto outras hipóteses de tutela do comprador. A certeza na aplicação prática do direito ficaria, porém, beneficiada com uma alteração do Código Civil, na linha da modernização alemã[385].

Concluída esta indagação prévia, é tempo de avançar, examinando a configuração e as exigências de cada concreto meio de reação do comprador.

4.4. Tutela fundada em "violação de garantias"

4.4.1. *Consequências gerais*

1. A caraterização da reação jurídica à "violação de uma garantia" depende, em larga medida, da natureza da própria "garantia". Quanto a este aspeto, há quem entenda que as "garantias" não incorporam verdadeiras prestações debitórias suscetíveis de cumprimento[386] e quem

[384] Martin Henssler, *Haftung des Verkäufers*, p.113.

[385] Em sentido análogo, António Menezes Cordeiro, *Tratado*, XI, p. 282.

[386] Entre nós, já se considerou que está em causa uma obrigação de garantia e que, por isso, não haverá propriamente incumprimento, mas a concretização de um risco assu-

pense diversamente que a violação da garantia pode originar uma pretensão de cumprimento[387].

Um Acórdão do STJ de 2016, considerou que a violação de uma "garantia" não gera um dever de indemnizar, mas um dever de prestar, o que adensa as dúvidas[388].

2. Parece-nos que certas garantias podem dizer respeito à existência e à qualidade de bens da empresa sendo, nessa medida, obrigações próprias, análogas à chamada "garantia de bom funcionamento", prevista no artigo 921º[389], figura que, aliás, alguns autores consideram poder projetar-se fora do estrito âmbito literal do citado preceito e, portanto, além do "bom funcionamento da coisa", abarcando garantia de qualidades em geral[390]. Outras "garantias" visam apenas intensificar a tutela do comprador, através de uma tendencial objetivização da sua responsabilidade, ou através de uma imediata passagem do plano primário ao plano secundário ou mesmo de uma "monetização" de pretensões de cumprimento do comprador. As consequências da garantia não podem ser indiferentes a esta diferenciação prévia: sem saber o que é devido no plano primário, não é possível descortinar formas de reação, no plano secundário.

3. Sem prejuízo do exposto, a prática revela que, na generalidade dos casos, a tutela do comprador é reencaminhada para uma ação de cumprimento ou para um pedido de indemnização pelo não cumprimento, sendo neste caso a indemnização pelo interesse positivo.

Em termos gerais, deve recordar-se a reconstituição natural, enquanto ressarcimento que "afasta e remove integralmente o dano real ou con-

mido – Fábio Castro Russo, *Das cláusulas de garantia nos contratos de compra e venda de participações sociais de controlo*, p. 132 ss.

[387] Segundo António Pinto Monteiro / Paulo Mota Pinto, *Compra e venda de empresa*, p. 94, no caso de violação de declarações e garantias pode ser exigido o cumprimento ou uma indemnização pelo não cumprimento (interesse positivo).

[388] Ac. do STJ de 1 de março de 2016, relator Fernandes do Vale.

[389] Quanto a esta "garantia de bom funcionamento" e distinguindo-a das verdadeiras "garantias", António Menezes Cordeiro, *Tratado de Direito Civil*, XI, *Contratos em especial*, 1ª parte, Almedina, Coimbra, 2018, p. 292.

[390] Manuel Carneiro da Frada, *Perturbações típicas do contrato de compra e venda*, (p. 97 ss), *Forjar o Direito*, p. 117.

creto" corresponde à melhor forma de "reconstituir a situação que existiria, se não se tivesse verificado o evento que obriga à reparação" (cf. artigo 562º). A doutrina alemã contrapõe, assim, numa distinção também útil no nosso ordenamento jurídico, o cumprimento natural prioritário ("*vorrangige Naturalherstellung*") e a indemnização em valor (dinheiro) subsidiária ("*subsidiäre Wertentschädigung*"). É ainda comum dizer-se que a reconstituição natural não exige uma verificação do dano patrimonial, muito embora possa ser concretizada através do pagamento da quantia necessária à reposição natural.

Em termos concretos, considerando o caso específico da venda de participações sociais, deve notar-se que o vendedor apenas pode exercer uma pretensão de ressarcimento de danos se se verificar uma diminuição de valor da participação social e se for possível concluir que o valor da dita participação é inferior ao valor que existiria se a afirmação resultante da garantia correspondesse à realidade.

A importância deste aspeto é ilustrável com o seguinte exemplo. Imaginemos que o vendedor declarou que a sociedade é proprietária de certo imóvel e esta afirmação não é verdadeira . Sendo o dano a diminuição do valor da empresa devido à falta do imóvel, haverá que verificar o "valor da supressão patrimonial" causado pela falta do imóvel, o qual pode bem não corresponder ao valor do próprio imóvel.

4. Pode perguntar-se qual a consequência da existência de uma "garantia", em caso de conhecimento positivo, por parte do comprador, da falsidade da mesma. Imaginemos que comprador, em virtude da auditoria, compreende, ou pode compreender, que o que é declarado não corresponde ao estado de coisas existente, ou que o comprador, através da auditoria, adquire mesmo um conhecimento superior ao do transmitente.

O problema foi equacionado por Gabriel Buschinelli e, na opinião do Autor, o conhecimento positivo pode ser relevante, mesmo que contrarie o teor literal, ou melhor dizendo, textual, da "garantia". Nas palavras do Autor, "uma vez que se constate que o comprador conhecia a deformidade em relação ao quanto foi prometido pelo vendedor em cláusula de declaração e garantia, deve-se, a princípio, interpretar o contrato e, especificamente, a cláusula de garantia como não abrangendo uma situação conhecida pelo comprador e que poderia ser por ele utilizada para negociar eventual redução do preço"[391].

5. Uma nota final, antes de terminarmos este enquadramento geral. Se a "garantia" corresponder a uma verdadeira obrigação, devem aplicar-se, direta ou analogicamente, os prazos previstos no artigo 921º, quanto à garantia de bom funcionamento. Segundo ANTÓNIO MENEZES CORDEIRO, estes prazos de caducidade visam três propósitos: prevenir danos ou aumento de danos, limitar o encargo do vendedor e limitar o conteúdo da obrigação do vendedor[392]. Ora, tais propósitos poderão também fazer sentido em relação a uma determinada "garantia" contratual equiparável à "garantia de bom funcionamento" (e nem todas são, como vimos). Tanto mais que se nota ainda a importância de garantir a segurança jurídica quando está em causa uma compra e venda, prevenindo reações excessivas ou abusivas por parte dos compradores. Tudo dependerá, de novo, da interpretação do contrato de compra e venda acordado entre as partes.

4.4.2. *O "preenchimento do balanço" em particular*

1. Debruçamo-nos agora sobre as consequências de uma desconformidade da "garantia do balanço". Nos casos em que o estado económico da empresa esteja aquém do valor inscrito na garantia, pergunta-se se e como deverá operar a reconstituição natural[393]. As teses do "preenchimento do balanço" resolvem a questão através de reposições pecuniárias, equilibrando o ativo sobreavaliado ou o passivo subavaliado. Trata-se de um tema pouco discutido entre nós, mas bastante debatido na Alemanha.

Nas instâncias superiores alemãs, o OLG Munique já aplicou este princípio de preenchimento num caso em que do balanço constava a inscrição falsa do valor de um crédito[394]. Esta decisão parece, porém,

[391] GABRIEL BUSCHINELLI, *Compra e venda de participações societárias de controle*, p. 292.
[392] ANTÓNIO MENEZES CORDEIRO, *Tratado*, XI, pp. 291-292.
[393] OLIVER BRAND, *Die Dogmatik der §§249 ff. BGB bei Bilanzgarantien*, p. 309.
[394] OLG Munique, sentença de 30.3.2011, BeckRS 2011, 07200.

não corresponder ao entendimento dominante, contrariando jurisprudência anterior do BGH, firmada desde a década de setenta, [395] e contrariando ainda a decisão do OLG Frankfurt de 7 de maio de 2016[396].

Da doutrina, surgem várias indicações e advertências importantes, das quais destacaremos algumas.

A ideia da reconstituição natural aplicada à garantia do balanço entendida como uma espécie de neutralização contabilística foi colocada em causa na Alemanha por Wächter[397] e por Heinrichs[398].

Segundo Wächter, o cumprimento *in natura* só seria possível se o mesmo tivesse sido previsto no contrato. O paradigma dos contratos de aquisição de empresas seria, assim, oposto ao paradigma geral do direito das obrigações. Apesar de o princípio da reconstituição natural ser aplicável a vários casos de violação de declarações e garantias, não o seria em relação à "garantia do balanço", dado que os resultados desta aplicação não seriam economicamente equilibrados, nem juridicamente justificados. Recorrendo ao caso da máquina defeituosa relativamente à qual foi inscrito um valor no balanço oitocentos mil Euros superior ao que seria devido, entende o Autor que não se pode considerar que a diferença contabilística é um dano da empresa, dado que nem sequer reflete a diferença do valor comercial da máquina. A existência de uma inscrição contabilística falsa ou desajustada pode querer dizer que há um fundamento de responsabilização, mas não é suficiente: há que provar a existência de um dano causado pela falsidade da garantia[399].

Heinrichs, por seu turno, conclui que, perante uma desconformidade da garantia do balanço, haverá que apurar o dano sofrido pelo comprador[400]. Esse dano corresponderá, em princípio, ao valor "a mais" que o comprador enganado, que confiou na verdade e conformidade do

[395] BGH, sentença de 25.5.1977, NJW 1977, p. 2947 ss.

[396] A sentença OLG Francoforte 7.4.2016 pode ver-se em NZG 2016, p. 435 ss.

[397] Gerhard Wächter, *Schadensrechtliche Probleme beim Unternehmenskauf: Naturalherstellung und Bilanzgarantie*n, p. 1274 ss.

[398] Joachim Heinrichs, *Zur Haftung auf Schadenersatz wegen unrichtiger Bilanzgarantien beim M&A Transaktionen*, p. 1005.

[399] Gerhard Wächter, *Schadensrechtliche Probleme beim Unternehmenskauf: Naturalherstellung und Bilanzgarantie*n, p. 1274 ss.

[400] Joachim Heinrichs, *Zur Haftung auf Schadenersatz wegen unrichtiger Bilanzgarantien beim M&A Transaktionen*, p. 1005.

balanço, aceitou incluir no preço (*Preisdifferenzschaden*)[401]. Este Autor sublinha, por isso, que o "preenchimento do balanço" (*Bilanzauffüllung*) é contrário a regras do cálculo do dano e pode também desrespeitar a própria vontade das partes (que, na generalidade dos casos, não será no sentido do dito preenchimento).

Outro aspeto importante, e também realçado por HEINRICHS, diz respeito à causalidade[402]. Com efeito, tratando-se de um dano sofrido pelo comprador, a responsabilidade civil dependerá da ligação causal entre o ilícito (a desconformidade do balanço) e o dano do comprador. Contudo, se o dano é a "diferença de preço", será necessário alegar e provar que o método de formação do preço se baseou na conformidade da garantia do balanço. Ora, poderá acontecer, e muitas vezes acontece, que o valor da empresa é calculado por referência a uma expectativa de ganho futuro da sociedade visada, sem ligação concreta a certas rubricas do balanço, e, nestas hipóteses, o requisito da causalidade dificultará, ou poderá dificultar, a indemnização pelo "dano de diferença de preço".

Numa perspetiva não inteiramente coincidente, BRAND sublinha que o princípio da prioridade da reconstituição natural deve aplicar-se à garantia do balanço, desde que seja possível[403]. Porém, esta via só poderá ser seguida em certos casos, como por exemplo a ausência de uma quantia pecuniária em certa conta bancária ou inexistência de um bem não essencial à atividade da empresa[404].

2. Problema conexo com o da opção entre reconstituição natural e indemnização pecuniária ou da opção entre "preenchimento do balanço" e "indemnização pela diferença de preço" é o do interesse contratual. A violação de uma "garantia" poderá justificar uma indemnização pelo interesse contratual positivo? Se o dever violado for um dever pré-contratual de informação, dificilmente pode admitir-se uma indemnização pelo interesse contratual positivo. Contudo, se a ilicitude resultar da falta de conformidade com uma promessa, será de admitir tal solução.

[401] *Idem*, p. 1006.

[402] JOACHIM HEINRICHS, *Zur Haftung auf Schadenersatz wegen unrichtiger Bilanzgarantien beim M&A Transaktionen*, p. 1006 ss.

[403] OLIVER BRAND, *Die Dogmatik der §§249 ff. BGB bei Bilanzgarantien*, *in* Drygala/Wächter, *Bilanzgarantien bei M&A-Transaktionen*, Beck, Munique, 2017, p. 306 ss.

[404] OLIVER BRAND, *Die Dogmatik der §§249 ff. BGB bei Bilanzgarantien*, p. 311.

SCHULZ e SOMMER criticam a argumentação do OLG Francoforte, segundo a qual a violação de uma "garantia do balanço" corresponderia à violação de um dever pré-contratual de informação, e consideram que, em certos casos, como o que estava em causa nesta decisão, a indemnização deve permitir colocar o comprador na situação em que estaria se a garantia fosse verdadeira, correspondendo a uma verdadeira "indemnização no lugar da prestação"[405]. Os Autores reconhecem, contudo, que o verdadeiro problema será saber em que situação é que o comprador estaria se a "garantia" fosse verdadeira e conforme à realidade, problema que deverá esclarecer-se através da avaliação da empresa, isto é, do valor objetivo que a empresa tem e do valor objetivo que a mesma teria em caso de conformidade.

4.5. Tutela no âmbito da venda de bens defeituosos

4.5.1. *Considerações gerais*

1. Como acima dissemos, o regime da venda de bens defeituosos ou onerados poderá ser aplicável nos casos em que exista um vício da empresa e em que a venda da participações acionistas de controlo seja equiparável à venda da empresa. Também já aludimos à diferenciação entre ónus e defeito e à escolha que se coloca ao comprador entre um e outro regime, consoante o vício em causa. Aqui chegados, é tempo de examinarmos o regime jurídico da venda de bens defeituosos e de bens onerados e a concreta configuração dos meios de tutela do comprador ao abrigo dos mesmos. Comecemos pela venda de bens defeituosos.

2. Antes de avançarmos, uma advertência ao aplicador do direito sobre as particularidades do regime português. Com efeito, a disciplina do Código Civil quanto a perturbações da compra e venda, fruto de um projeto de INOCÊNCIO GALVÃO TELLES[406], afasta-se da generalidade das soluções europeias, da solução da Convenção das Nações Unidas sobre

[405] THOMAS SCHULZ e DANIEL SOMMER, *Bilanzgarantien in der M&A Praxis*, p. 53.
[406] INOCÊNCIO GALVÃO TELLES, *Contratos civis. Projeto completo de um título do futuro Código Civil Português e respetiva Exposição de Motivos*, Lisboa, BMJ 1959, p. 23 ss.

Compra e Venda Internacional de Mercadorias e da própria solução atualmente em vigor no nosso País quanto a venda de bens de consumo[407].

Além disso, a regulação do Código Civil é complexa: por um lado, temos a diversidade entre os regimes dos artigos 905. º e ss e 913º e ss, aplicável aos casos em que o vendedor transmite ao comprador uma coisa específica que já é defeituosa, e o regime do artigo 908º, para os casos de defeito superveniente, por outro lado, encontramos a aparente ligação do primeiro regime aos vícios da vontade e a ligação igualmente confusa entre erro e inadimplemento[408]. É certo que, desde os estudos de João Baptista Machado[409] e de Pedro Romano Martinez[410], a doutrina tem envidado esforços no sentido de enquadrar o regime da venda de coisa defeituosa no âmbito de uma inexecução da prestação (e não da invalidade do negócio), mas, mesmo reconhecendo-se os resultados desse esforço[411], a verdade é que, além das críticas à teoria do cumprimento defeituoso[412], perante o regime atual, continuam a suscitar-se dúvidas sobre a vigência, *de iure condito*, de uma tal solução, conhecendo-se posições mais próximas da letra da lei[413], no sentido da aceitação do erro, opções por algum hibridismo[414] ou mesmo por um "dualismo estrutural e sucessivo" do regime legal[416].

[407] Veja-se a crítica de António Menezes Cordeiro, *Tratado*, XI, p. 196.

[408] Vingou, pois, a proposta de Inocêncio Galvão Telles, *Contratos civis*, p. 114 ss.

[409] João Baptista Machado, *Acordo negocial e erro na venda de coisas defeituosas*, in *Obra Dispersa*, I, Scientia Juridica, Braga, 1991, p. 31 ss.

[410] Pedro Romano Martinez, *Cumprimento defeituoso*, p. 261 ss.

[411] Na jurisprudência, acolhendo a orientação de Pedro Romano Martinez *vide*, entre outros, Ac. do TRL de 30 de junho de 2011, relator António Santos, processo nº 13/2002.L1-1.

[412] *Vide*, por todos, Nuno Pinto Oliveira, *Contrato de compra e venda. Noções fundamentais*, Almedina, Coimbra, 2007, p. 232 ss.

[413] Como a de Luís Menezes Leitão, *Direito das obrigações*, III, p. 119 ss, embora o Autor reconheça as dificuldades do regime jurídico. Considerando que a solução legal pode ser criticável, mas é a vigente, Miguel Teixeira de Sousa, *O cumprimento defeituoso e a venda de coisas defeituosas*, in *Ab uno ad omnes*, 75 anos da Coimbra Editora, org. Antunes Varela [et al], Coimbra, 1998, (p. 567 ss), p. 569.

[414] João Baptista Machado reconhecia, aliás, que o regime da venda de coisas defeituosas do Código Civil "aparece como um regime misto" (*Acordo negocial*, p. 107), simplesmente estaria em causa um "fenómeno de divergência entre o negócio "como norma" e a realidade" (*idem*, p. 106), sendo o sentido da remissão para o regime do erro o de delimitar os casos de "destruição" do vínculo através da exigência de verificação

Mesmo que se considere que, na venda de coisa defeituosa, a vontade corresponde à sua expressão negocial, suscitando-se tão só uma divergência entre o acordo de vontades e o cumprimento efetivo do programa obrigacional, reconhecer-se-á que a letra da lei aponta no sentido de uma conjugação de elementos do erro com elementos da teoria do cumprimento (ou do cumprimento perfeito) da prestação, o que constitui não só uma dificuldade adicional, como embaraço com que qualquer construção dogmática terá de se defrontar.

3. Examinemos agora as concretas opções do comprador no âmbito do regime da venda de coisas defeituosas[416]. Comecemos pelo enquadramento jurídico geral e vejamos depois as transposições e adaptações necessárias quando estão em causa situações de venda das participações acionistas de controlo que equivalham à venda da empresa.

de requisitos da anulabilidade com fundamento em erro (*idem*, p. 108). Também PIRES DE LIMA e ANTUNES VARELA, aceitando embora os efeitos diretos da remissão do artigo 913º e, portanto, a relação entre a secção dedicada à venda de coisas defeituosas e a anulação do contrato com base em erro, não deixam de considerar que "os pressupostos fundamentais do regime especial consagrado nesta secção (...) assentam mais nas notas *objectivas* das situações por elas abrangidas do que na situação *subjectiva* do *erro* em que, nalguns casos, se encontre o comprador, ao contrário do regime da anulação do contrato, também aplicável ao caso com algumas adaptações, que repousa essencialmente na situação subjectiva do comprador" (*Código Civil Anotado*, II, Coimbra Editora, Coimbra, 1986, pp. 211-212). A existência de defeitos essenciais consistiria numa situação objetiva suscetível de deturpar a "economia do contrato" pelo que o regime legal encontraria "as suas raízes mais fundas no princípio da *justiça comutativa*" (*idem*, p. 212). Neste quadro, o regime repousaria "mais na lei do que no acordo negocial", "mais nas considerações objectivas de justiça, equidade e razoabilidade de que é feito o tecido normativo do que nas injunções resultantes da autonomia privada para cada contrato singular" (*idem*, p. 213). Aludindo ao hibridismo do regime legal, mas sem rejeitar a recondução ao erro, BRANDÃO PROENÇA, *Lições de cumprimento*, p. 356 ss.

[415] CALVÃO DA SILVA, *Responsabilidade civil do produtor*, Almedina, Coimbra, 1990, p. 231 ss. O Autor reconhece o hibridismo do modelo português, em que se verifica uma "situação de *concurso electivo de pretensões decorrentes do erro ou do cumprimento inexacto*" (*idem*, pp. 230-231).

[416] Dada a proximidade entre o regime da venda de bens alheios e o regime da venda de bens defeituosos, as considerações que faremos sobre este último valerão, em larga medida, para a venda de bens onerados que examinaremos depois em seguida.

Os meios de reação literalmente previstos na lei quanto à venda de coisa defeituosa são a anulação do contrato, a redução do preço, a eliminação do defeito e a indemnização: é o que resulta da remissão legal operada pelo artigo 913º, que ordena a aplicação do disposto na venda de bens onerados conjugadamente com o disposto nos artigos 914º e ss. Não é, pois, de estranhar que o Acórdão do STJ de 21 de maio de 2002 (relator AZEVEDO RAMOS) tenha considerado que o comprador de bem defeituoso está habilitado a pedir:

> "Anulação do contrato por erro ou dolo, verificados os respectivos requisitos de relevância exigidos pelo artº 251 do CC;
> – Redução do preço, quando as circunstâncias do contrato mostrarem que, sem erro ou dolo, o comprador teria igualmente adquirido os bens, mas por um preço inferior;
> – Indemnização do interesse contratual negativo traduzido no prejuízo que o comprador sofreu pelo facto de ter celebrado o contrato, cumulável com a anulação do contrato e com a redução ou minoração do preço;
> – Reparação da coisa ou, se for necessário e esta tiver a natureza fungível, a sua substituição, independentemente de culpa do vendedor, se este estiver obrigado a garantir o bom funcionamento da coisa vendida, quer por convenção das partes quer por força dos usos".

Em termos gerais, o sistema assenta num modelo de dois níveis (*Zweistufiges System*) – nível primário e nível secundário – em que o princípio da prioridade do cumprimento natural impõe a prioridade da eliminação do defeito (*Vorrang der Nacherfüllung*)[417]. Como notou o Ac. do STJ de 25 de outubro de 2012 (relator ÁLVARO RODRIGUES):

> "A venda de coisa defeituosa há uma sequência lógica e subsidiária de momentos ou fases na tutela do comprador por força dos defeitos na coisa vendida – eliminação dos defeitos ou substituição da prestação, redução do preço ou resolução do contrato, apenas podendo o com-

[417] *Vide* as reflexões de JAN DIRK HARKE, *Vorrang der Nacherfüllung*, p. 249 ss. Nas prestações de entrega de um bem, a prioridade do cumprimento natural pode também ser postergada, em benefício de outros interesses. Sobre a expressão dessa prioridade nos concretos meios de reação, BARBARA GRUNEWALD, *Kaufrecht*, p. 191 ss.

prador reclamar a indemnização, se não houver uma daquelas possibilidades alternativas aptas a satisfazer, numa perspectiva objectiva, os interesses do mesmo".

Também segundo o Ac. do TRC de 25 de junho de 2013, relator Jaime Carlos Ferreira:

"Os vários meios jurídicos facultados ao comprador de coisa defeituosa pelos arts. 913º e seguintes do Código Civil não podem ser exercidos de forma aleatória ou discricionária; os mesmos acham-se estruturados de forma sequencial e escalonada. Em primeiro lugar, o vendedor está vinculado à eliminação do defeito: se esta não for possível ou se for demasiado onerosa, deverá substituir a coisa viciada. Frustrando-se qualquer dessas alternativas, assiste ao comprador o direito de exigir a redução do preço e não se mostrando esta medida satisfatória poderá o mesmo pedir a resolução do contrato. Com qualquer dessas pretensões pode cumular-se a indemnização – pelo interesse contratual negativo –, destinada a assegurar o ressarcimento de danos não reparados por aqueles meios jurídicos".

A ideia de uma hierarquia de meios no cumprimento defeituoso[418] permite uma adequada ponderação dos interesses do credor e do devedor, uma vez que, salvos casos especiais e situações de perda do interesse do credor, objetivamente apreciado[419], no "primeiro nível" ao devedor é dada uma segunda oportunidade de cumprir, dentro do prazo fixado pelo credor e só se não o fizer é que sofrerá as consequências de meios

[418] Parecendo rejeitar esta ideia, realçando que a opção é do comprador, António Menezes Cordeiro, *Tratado*, XI, p. 271 ss.

[419] João Baptista Machado, apreciando o caráter da perda de interesse na resolução contratual, sublinhou que, "a *objectividade* do critério não significa de forma alguma que se não atenda ao interesse *subjectivo* do credor", realçando que "o que essa objectividade quer significar é, antes, que a importância do interesse afectado pelo incumprimento, aferida embora em função do sujeito, há-de ser apreciada *objectivamente*, com base em elementos susceptíveis de serem valorados por qualquer pessoa (designadamente pelo próprio devedor e pelo juiz) e não segundo o juízo arbitrário do próprio credor" – João Baptista Machado, *Pressupostos da resolução por incumprimento, in Obra Dispersa*, I, Scientia Juridica, Braga, 1991, p. 125 ss p. 137.

de reação mais dispendiosos[420]. O comprador não pode, por isso, "anular" o contrato ou pedir uma indemnização sem que ao vendedor tenha sido dada a possibilidade de eliminar o defeito, sendo esta possível e tendo o comprador interesse na prestação. Se o credor não puder ver o seu interesse na prestação satisfeito *in natura*, a ponderação dos interesses das partes altera-se. Com efeito, nesta altura, o interesse do credor na escolha do meio de reação intensifica-se, pelo que as limitações ao seu exercício, nomeadamente com base na inexigibilidade do mesmo, tendem a ser comprimidas[421]. O credor pode então pedir uma redução do preço (cf. artigos 913º e 911º) ou uma indemnização pelos danos sofridos (artigos 915º, 913º e 908º).

4. Deve, porém, notar-se que a ligação do regime jurídico (em particular da anulação) ao erro é controvertida.

Uma orientação com vários representantes reconduz os problemas da venda defeituosa ao cumprimento defeituoso, salientando que o reenvio para o regime do erro não permite explicar, por exemplo, por que razão o comprador tem direito à reparação ou substituição da coisa. Nesse sentido opinaram já Autores como JOÃO BAPTISTA MACHADO[422], PEDRO ROMANO MARTINEZ[423] ou MANUEL CARNEIRO DA FRADA[424].

[420] Cf. STEFAN GRUNDMANN, *Leistungsstörungsmodelle*, p. 312 ss.

[421] STEFAN GRUNDMANN, *Leistungsstörungsmodelle*, p. 315 ss.

[422] JOÃO BAPTISTA MACHADO, *Acordo negocial*, p. 31 ss, concluindo que "o direito conferido ao comprador pela garantia edilícia é um direito *fundado directamente no contrato*" e que o mesmo "não pode de forma alguma ser um direito *fundado no erro*, visto o regime do erro ter sempre uma base exterior ao conteúdo do negócio e ser, na sua própria natureza intrínseca, uma *exceptio*" (*idem*, p. 104) e aludindo a um "regime *sui generis* que pode talvez ser concebido como uma adaptação ao caso (ou uma especialização) do regime do cumprimento defeituoso" (*idem*, p. 106). Também FERRER CORREIA considerou que "se o direito transmitido apresenta um qualquer ónus ou limitação, verifica-se uma situação do tipo da do cumprimento defeituoso, a que a lei atribui consequências que estão para além da pura lógica da teoria do erro, em ordem a restabeleer o equilíbrio perturbado pelo funcionamento anómalo do sinalagma contratual" – FERRER CORREIA / ALMENO DE SÁ, Parecer, *A Privatização da Sociedade Financeira Portuguesa*, p. 288.

[423] PEDRO ROMANO MARTINEZ, *Cumprimento defeituoso*, p. 261 ss. Em publicação recente (2018), aderindo à construção de PEDRO ROMANO MARTINEZ, ANTÓNIO MENEZES CORDEIRO, *Tratado*, XI, p. 240 ss. Já em 1991, ANTÓNIO MENEZES CORDEIRO alertava, porém, para os problemas do regime legal e referia "a tendência geral da doutrina

Contudo, dentro desta orientação, alguns Autores continuam a aludir ao direito de anular o contrato com base em erro e ao prazo do artigo 287º[425].

Outros civilistas vão mais longe, propondo uma clara recondução do regime dos artigos 905º e 913º e ss ao quadrante do cumprimento inexato da prestação, compreendendo nestes precisos limites, e na medida da coerência com os mesmos, as referências legais ao erro em matéria de anulação. Nesta linha, PEDRO ROMANO MARTINEZ advertiu que a remissão para o regime do erro é meramente aparente[426]. O regime do erro não poderia explicar a eliminação de defeitos e substituição do bem, nem a redução do preço. A indemnização não seria também consequência do erro. As consequências do cumprimento defeituoso adviriam, sim, da violação do contrato[427]. Por isso, a anulação referida no artigo 905º seria distinta da anulação com base em erro: decorreria da falta de cumprimento e não da falsa representação da realidade[428]. Em suma, o termo anulação equivaleria a resolução[429]. Recentemente, ANTÓNIO MENEZES CORDEIRO propôs também arredar o regime do erro, ou a verificação dos requisitos do erro, propondo a seguinte solução interpretativa: "temos de admitir que há vício ou falta de qualidades

mais recente vai, em Portugal, no sentido de aproximar a venda de coisas defeituosas do cumprimento imperfeito das obrigações. Assim se conseguem soluções mais expeditas e mais justas" – *A Privatização da Sociedade Financeira Portuguesa*, p. 154. Também considerando que as perspetivas do erro e do incumpriento se excluem mutuamente e mencionando que na venda de bens onerados "não há erro, e sim, perturbação do programa obrigacional por incumprimento", MANUEL CARNEIRO DA FRADA, *Perturbações típicas do contrato de compra e venda*, p. 109 ss.

[424] MANUEL CARNEIRO DA FRADA, *Perturbações típicas do contrato de compra e venda*, p. 115 ss. O Autor entende que na venda específica as qualidades do bem integram o conteúdo negocial, na medida em que é devido um bem com as caraterísticas normalmente inerentes àquele que o comprador elegeu – dever ser – mas simplesmente o comprador considerou que *aquele bem* serviria para cumprir o programa obrigacional, o que não aconteceria. A divergência entre a realidade e a representação do comprador colocar-se-ia no plano da execução do negócio, mas não no plano da formação do negócio.

[425] MANUEL CARNEIRO DA FRADA, *Perturbações típicas do contrato de compra e venda*, p. 115 ss.

[426] PEDRO ROMANO MARTINEZ, *Cumprimento defeituoso*, p. 261 ss.

[427] *Idem*, p. 264.

[428] *Idem*, p. 265.

[429] *Idem*, p. 269.

da coisa sempre que ela não corresponda ao modelo fixado no contrato ou ao modelo comum, nas condições existentes. Na presença de defeito originado por tal não correspondência, presumem-se quer a essencialidade, quer o seu conhecimento pelo vendedor"[430]. O Autor admite ainda uma convolação da anulação em resolução[431]. O mecanismo resolutório implica a validade do contrato, logo implica a desconsideração do erro e uma desconsideração da letra do artigo 913º do Código Civil, em atenção às exigências de coordenação sistemática com outros preceitos do regime jurídico.

Para quem entenda que está em causa uma resolução, será importante conjugar fundamentos específicos do regime da venda de bens defeituosos (essencialidade e conhecimento) com fundamentos gerais da resolução (artigos 432º e ss). Quanto a estes, a doutrina tem realçado que o princípio da boa-fé exige que o incumprimento definitivo seja suficientemente grave para que possa haver resolução [432]. Conforme salienta Pedro Romano Martinez, "exige-se que o incumprimento seja definitivo ou o cumprimento defeituoso e que haja adequação entre a gravidade do incumprimento e a pretensão de extinção do vínculo". Explica, ainda, o Autor que, mesmo na falta de uma indicação legal, "a adequação tem de ser ponderada atendendo às regras da boa fé (artigo 762º, nº 2 do CC) e à necessária relação causal, requisito da responsabilidade civil (art. 563º)"[433]. Além disso, "a gravidade do incumprimento não é apreciada em função da culpa (...), mas atendendo às consequências do incumprimento para o credor"[434].

5. Um outro aspeto geral a salientar diz respeito à redução do preço. Em causa está a diminuição de uma contraprestação, portanto, a atuação de um mecanismo sinalagmático, de modo a refletir a vicissitude

[430] António Menezes Cordeiro, *Tratado*, XI, p. 262.
[431] *Idem*, p. 282.
[432] J. C. Brandão Proença, *A resolução do contrato no Direito Civil. Do enquadramento e do regime*, Coimbra Editora, 1996, p. 129.
[433] Pedro Romano Martinez, *Da cessação do contrato*, Almedina, Coimbra, 2006 (2ª ed.), p. 146.
[434] J. C. Brandão Proença, *Lições*, p. 289.

da prestação na contraprestação[435]. O que quer dizer que a redução em apreço é independente de qualquer dano[436].

Como opera a redução do preço? O direito português, ao contrário do direito alemão (§441/3 BGB)[437], não consagra uma regra específica sobre a redução do preço na compra e venda, embora o artigo 911º, nº 1, aluda a uma redução "em harmonia com a desvalorização". A redução da contraprestação deverá operar nos termos previstos no artigo 884º[438], mas fica por determinar o método de cálculo.

Teoricamente, são concebíveis quatro métodos:

(i) redução determinada pela diferença entre o preço acordado e o valor objetivo da coisa com defeito (subjetivo real);
(ii) redução do preço tendo em conta a diferença entre o valor ideal do bem feito e o seu verdadeiro valor real (objetivo);
(iii) redução do preço pela diferença entre o preço acordado e aquele que as partes teriam estabelecido se soubessem que o bem era defeituoso (subjetivo hipotético);
(iv) conjugação entre preço acordado, valor objetivo da coisa com defeito e valor ideal do bem (misto)[439].

O método subjetivo real tem sido utilizado na Alemanha, permite respeitar a equivalência entre prestação e contraprestação e merece, por isso, ser testado no caso concreto. É também essa a orientação sufragada por Pedro Romano Martinez para a generalidade dos casos, embora

[435] Wolfgang van den Daele distingue entre sinalagma genético, condicional e funcional (*Probleme des gegenseitigen Vertrages. Untersuchungen zur Äquivalenz gegenseitiger Leistungspflichten*, De Gruyter & Co, Hamburgo, 1968, p. 23 ss).

[436] Paulo Mota Pinto, *Interesse*, II, p. 884, nota 2472.

[437] A verdade é que esta norma do BGB também gera dificuldades, sobretudo na venda da empresa, daí resultando a necessidade de estipular o valor ou de permitir a avaliação do bem por um terceiro – Staudinger/ Beckmann, 2014, §453, n.m.160, Barbara Jagersberger, *Die Haftung des Verkäufers*, p. 327, Ralf Bergjan, *Die Auswirkungen der Schuldrechtsreform*, pp. 228-229, Christian Köster, *Die Haftung des Unternehmensverkäufers*, pp. 132-133, Gerhard Wächter, *M&A Litigation*, p. 405 ss.

[438] Assim, João Antunes Varela, *Das Obrigações em geral*, vol. II, p. 90, Manuel Carneiro da Frada, *Perturbações típicas do contrato de compra e venda*, p. 122 e 112, António Menezes Cordeiro, *Tratado*, XI, p. 248.

[439] Sobre estes quatro métodos, Pedro Romano Martinez, *Cumprimento defeituoso*, p. 363, Paulo Mota Pinto, *Interesse*, II, p. 1436 ss.

sem especificar o caso da empresa[440]. Não vemos razões para rejeitar esta orientação, sem prejuízo do que adiante se dirá sobre a redução do preço no caso da venda da empresa.

4.5.2. *Caducidade*

1. Verificando-se os requisitos necessários à aplicação das regras da venda de coisas defeituosas, emerge um primeiro problema de regime jurídico no que diz respeito aos prazos de denúncia do vício, sob pena de caducidade[441].

2. Na Alemanha, a especificidade da empresa levantou dúvidas quanto ao prazo de prescrição, havendo quem se opusesse à aplicação do curto prazo relativo a exercício de pretensões em caso de venda de coisa defeituosa, recorrendo ao argumento de que a facilidade com que o comprador constata o defeito de uma coisa corpórea não se verifica no caso de indicações falsas sobre a situação da empresa[442]. Sobre este aspeto, realçou Larenz, com razão, que a aplicação analógica de um regime pode exigir adaptações e, por isso, nos casos em que o "defeito da empresa" não corresponda a um "defeito de coisa corpórea da empresa" não haverá que aceitar, sem mais, o curto prazo prescricional previsto no §477 BGB. Nos demais casos, deveria valer o prazo regra do antigo §195 BGB[443].

3. Entre nós, surgem também problemas quanto ao exercício de direitos, desde logo no que respeita à caducidade. Aplicar-se-ão os prazos do artigo 916º do Código Civil ao exercício de pretensões no contexto da venda de uma empresa? A resposta deve ser afirmativa. Com efeito, não se vislumbram razões para que o caso da venda da empresa seja tratado em termos diferentes da venda de qualquer outro bem. O argu-

[440] Pedro Romano Martinez, *Cumprimento defeituoso*, p. 364.
[441] Este problema também se poderá colocar nos casos em que o contrato compreenda declarações e garantias, mas não preveja um prazo de caducidade autónomo.
[442] Jürgen Baur, *Die Gewährleistungshaftung des Unternehmensverkäufers*, p. 385.
[443] Karl Larenz, *Lehrbuch des Schuldrechts*, pp. 168-169.

mento de que a empresa é uma realidade heterogénea e complexa não convence no sentido da inexistência de um prazo de caducidade. A ideia de que o defeito é de mais difícil verificação também não: se for vendido um bem tecnológico único também o comprador terá porventura maior dificuldade em aperceber-se de certas falhas, mas nem por isso deixa de se aplicar a regra da lei civil. Há manifesta analogia entre situações: a venda de uma coisa e a venda de uma empresa[444], impondo, por isso o princípio da igualdade um tratamento jurídico semelhante. Assim, e tendo também em conta a inadequação do prazo de caducidade relativo a coisas móveis, parece-nos ser de aplicar analogicamente o prazo relativo a coisas imóveis previsto no artigo 916º, nº 3, a não ser que as partes tenham fixado elas próprias, expressa ou tacitamente, um prazo diferente.

4.5.3. *Adaptações e concretizações dos meios de reação no caso da venda da empresa*

1. Depois destas observações gerais, vejamos agora como se transpõem, ou adaptam, os vários meios de reação no específico universo da venda da empresa através de alienação de participações acionistas de controlo, notando-se desde já que, em princípio, o risco de perda de qualidades já se transferiu para o comprador com a celebração da compra e venda (não sendo, pois, um caso do artigo 918º).

2. Começando pela eliminação do defeito, imaginemos que, ao contrário do declarado ou do esperado, a empresa não tem um bem essencial ao seu funcionamento, por exemplo, uma máquina fundamental para a fabricação, cuja falta provoque uma disfuncionalidade da unidade empresarial ou uma diminuição do valor da mesma.

Neste caso, a eliminação do defeito poderia ocorrer através da entrega desse mesmo bem ou de bem análogo. Poder-se-ia ainda admitir, como forma de reconstituição natural, a entrega da quantia necessária à reposição do bem ou à reparação do defeito do mesmo. Poder-se-ia de

[444] Sobre o fundamento da analogia jurídica, *vide* A. Castanheira Neves, *Metodologia jurídica. Problemas fundamentais*, Coimbra editora, Coimbra, 1993, p. 245 ss, Miguel Teixeira de Sousa, *Introdução ao Direito*, Almedina, Coimbra, 2012, p. 402 ss.

igual modo considerar que este meio de reação deverá merecer prioridade sobre os demais. Esta seria a visão comum em matéria de venda de coisa defeituosa. Contudo, na *praxis* da venda da empresa, o primado do cumprimento natural[445] ou da reconstituição natural é amiúde posto em causa. Desde logo, a eliminação do defeito está reduzida à possibilidade de reparação. Com efeito, como bem nota Barbara Jagersberger, a individualidade da empresa impossibilita, muitas vezes, a eliminação do defeito através de entrega de um bem idêntico[446]. Acresce que a reparação do defeito oferece também especificidades, tendo em conta o objeto da venda, porque, com a celebração do contrato, a empresa deixa de estar sob a esfera de controlo do alienante, não parecendo viáveis soluções de eliminação do defeito que interfiram com a atividade da empresa. Podem até ocorrer vendas sucessivas. Finalmente, se o defeito consistir num desvio ao acordado, a reparação traduzir-se-á na reposição de uma conformidade entre o que foi acordado e o que existe na realidade, referindo-se essa conformidade à empresa, ainda que podendo a reposição implicar uma ação relativamente a um bem determinado.

Quer isto dizer que a "ordem natural" dos meios de reação do comprador está sujeita a derivações e adaptações e o vendedor poderá, em certos casos, sem necessidade de outras diligências, recorrer a outros meios de reação que não o pedido de cumprimento natural através da eliminação do defeito ou substituição do bem.

3. Se o "defeito da empresa" implicar uma alteração da relação de equivalência contratualmente fixada entre prestação e contraprestação, a redução do preço pode permitir ao devedor que mantém o interesse na prestação reagir num quadrante distinto da responsabilidade civil[447]. A solução da redução do preço nos termos do artigo 911º, nº 1 do Código Civil foi ponderada no Parecer de António Menezes Cordeiro, no caso da Privatização da Sociedade Financeira Portuguesa. Nas pala-

[445] Sobre o princípio do cumprimento natural pode ver-se Catarina Monteiro Pires, *Impossibilidade da prestação*, Almedina, Coimbra, 2017, p. 253 ss.

[446] Barbara Jagersberger, *Die Haftung des Verkäufers*, p. 153.

[447] Christian Köster, *Die Haftung des Unternehmensverkäufers*, p. 142 ss.

vras do Autor, estava em causa uma solução que permitia "restabelecer o equilíbrio contratual perturbado pela imperfeição"[448].

Cabe distinguir consoante as partes tenham previsto um mecanismo de ajustamento do preço ou não tenham regulado este aspeto no contrato.

Dentro do âmbito dos mecanismos convencionais, as partes acordam, por vezes, um ajustamento de preço dependente do conhecimento ou confirmação futura de informação, pelo comprador ou por terceiro[449]. Nas cláusulas de ajustamento, é o próprio sinalagma que é conformado em duas ou mais fases, de acordo com a vontade das partes. O sinalagma traduz, em termos gerais, a ideia de uma reciprocidade, enquanto pressuposto ou razão de ser das obrigações ou das *vinculações* de cada uma das partes, por vezes associado a um "princípio de equivalência". O ajustamento do preço é, pois, uma forma de densificação da contraprestação.

4. Na falta de mecanismos convencionais, a redução do preço exige que se determine, desde logo, que o comprador baseou a sua proposta de preço, ou a aceitação do preço proposto, numa circunstância determinante ou essencial que vem a verificar-se não existir, ou não ser verdadeira. Cabe ao comprador alegar e provar que não teria comprado a empresa por aquele preço se tivesse tido acesso a determinada informação (haja ou não culpa do vendedor). Apesar de ser este o resultado da distribuição do ónus da prova, é possível, seguindo o exemplo da jurisprudência alemã, utilizar presunções judiciais, nomeadamente uma presunção de um comportamento conforme à informação[450].

Se aceitarmos a ligação que a lei parece assumir ao erro, dir-se-á ainda que essa essencialidade deve, também ser conhecida do vendedor[451]. A alternativa será presumir a essencialidade e o conhecimento pelo vendedor sempre que haja um vício por desconformidade ao modelo

[448] *A Privatização da Sociedade Financeira Portuguesa*, p. 125.

[449] Entre nós, pode ver-se Alexandre Soveral Martins, *Transmissão de participações de controlo e cláusulas de revisão do preço, in I Congresso Direito das Sociedades em Revista, Direito das Sociedades em Revista*, 2011, p. 41 ss.

[450] Por exemplo, Christian Köster, *Die Haftung des Unternehmensverkäufers*, p. 126 ss.

[451] Assim, por exemplo, Ferrer Correia / Almeno de Sá, Parecer, *A Privatização da Sociedade Financeira Portuguesa*, p. 289.

acordado ou ao modelo comum[452]. Presunção esta que, na nossa opinião, será mais difícil de aceitar no caso de venda da empresa, dado que a natureza do bem não facilita um contacto com o mesmo, em toda a sua extensão, que permita tornar visível para o vendedor o vício. É naturalmente mais simples o vendedor de um automóvel aperceber-se de que o mesmo tem um defeito no motor, do que o vendedor de uma participação acionista de controlo se aperceber da falta de uma qualidade assegurada da empresa.

Quanto aos métodos de redução do preço, cingindo-nos ao ponto que nos ocupa, perguntamos apenas se é possível operar uma redução proporcional da contraprestação (se à "empresa sem defeito" correspondia um valor da contraprestação de x, à "empresa com defeito" deverá corresponder um valor da contraprestação de y, determinando-se o valor do defeito)[453]. Simplesmente, a tarefa do avaliador será não só fixar o valor do defeito, em si mesmo, mas fixar a projeção desse defeito no preço. Se a empresa possui um equipamento defeituoso, sendo o defeito do bem avaliável em -1.000, o cálculo a fazer, tendo em conta a natureza da empresa, não será subtrair 1.000 ao preço, mas determinar o impacto dessa realidade no preço. Tarefa que se afigura difícil ou mesmo impraticável, se os pressupostos não forem claros. Se as partes não tiverem individualizado os fatores determinativos do preço, como em regra sucede (sendo normal que o comprador não revele como determinou o preço), o cálculo será muito difícil.

5. Pode o vendedor opor ao comprador que exija uma redução do preço que, pelo valor reduzido, não teria aceitado vender? Seguindo a posição de Batista Machado, Ferrer Correia salientou, quanto à venda de bens onerados, não ser admissível uma tal faculdade, uma vez que o mecanismo da redução do preço opera num quadro de "não-cumprimento", e não numa pura situação de erro. O hibridismo do regime legal não permitiria seguir pura e simplesmente uma solução análoga

[452] É a proposta de António Menezes Cordeiro, *Tratado*, XI, p. 262, ainda que formulada em termos gerais e não no contexto específico da venda da empresa.

[453] Björn Gaul, *Schuldrechtsmodernisierung und Unternehmenskauf*, pp. 57-58, Alexandra Lampen / Stephanie Roth, *Ansprüche aus kaufrechtlichem Gewährleistungsrecht*, p. 529.

à que vigoraria em relação ao erro, por força do artigo 292º do Código Civil[454]. Esta perspetiva foi também seguida por Manuel Carneiro da Frada[455] e por António Menezes Cordeiro[456], entre outros, e merece acolhimento: o devedor incumpriu o contrato.

6. Outra solução autónoma possível, no quadro dos meios de tutela do comprador, será a atribuição de uma indemnização. Em causa estará o ressarcimento de danos ou prejuízos e a sua imputação ao vendedor. A responsabilidade civil segue os termos e requisitos gerais (artigos 562º e ss), sem prejuízo de algumas especialidades que seguidamente se referem.

Primeiro, o regime geral da responsabilidade assenta numa matriz subjetiva[457], mas a culpa pode ser dispensada nos termos do artigo 921º.

Segundo, quanto ao dano indemnizável, a lei impõe também algumas especialidades (artigos 908º e 909º ex vi artigo 913º e artigo 915º), no caso de cumulação de pretensões anulatória e indemnizatória.

Não é comum a inclusão de cláusulas de *liquidated damages* em relação a declarações em garantias[458] e, em qualquer caso, estas cláusulas, pela sua proximidade com a cláusula penal, são suscetíveis de revisão judicial. Assim sendo, o dano deve ser apurado nos termos gerais, dado que a responsabilidade visa compensar o comprador pelo dano sofrido (cf. artigo 562º).

7. A anulação (ou resolução) do contrato tem, no domínio da venda da empresa através da alienação de participação acionista de controlo, escassa importância prática[459]. Além de o credor conservar, muitas

[454] Ferrer Correia / Almeno de Sá, *Parecer, in A Privatização da Sociedade Financeira Portuguesa*, p. 291.

[455] Manuel Carneiro da Frada, *Perturbações típicas do contrato de compra e venda*, p. 115 ss.

[456] António Menezes Cordeiro, *Tratado*, XI, p. 248.

[457] Assim também Pedro Romano Martinez, *Cumprimento defeituoso*, p. 278.

[458] *Vide*, porém, Susanne Niesse, *Die leistungsstörungsrechtlichen Grundstrukturen des deutschen, französischen und englischen Unternehmenskaufrechts im Vergleich*, p. 236.

[459] MüKo/Westermann, §453, 7ª ed., 2016, n.m. 18, Christopher King, *Die Bilanzgarantie*, p. 303.

vezes, interesse no negócio, a possibilidade de restituição[460] e a devolução do que tiver sido prestado[461] suscitam, no caso da empresa, ponderosas dificuldades. Assim sendo, terão maior interesse os outros dois meios já referidos: redução do preço ou indemnização. (cf. número 2 do próximo ponto 4.6.)

4.6. Tutela no âmbito da venda de bens onerados

1. Se a vicissitude em causa não constituir um defeito, mas um ónus, o regime da venda de bens onerados obrigará ainda a ter em conta outras especialidades. Comecemos pelos requisitos específicos de aplicação do regime dos artigos 905º e ss.

Em *primeiro lugar*, deverão relevar em princípio apenas vícios que impliquem "ónus ou limitações que excedam os limites normais inerentes aos direitos da mesma categoria" (artigo 905º). Que ónus ou limitações podem estar em causa? A doutrina recente tem sublinhado um conceito amplo de onerações relevantes[462]. Na fórmula de FERRER CORREIA, o escopo do regime jurídico é "proteger o comprador contra o risco de adquirir um bem que, por não estar livre da interferência limitadora de terceiro, não corresponde afinal à representação que, de acordo com o contrato, dele se fez"[463]. Nestes termos, e balizadas por este escopo, quaisquer limitações estariam abrangidas pelo artigo 905º: bastaria que o objeto comprado não proporcionasse ao comprador "a situação jurídica que, de acordo com o contrato, este podia legitimamente esperar"[464]. Esta orientação está em linha com o sentido da norma do novo BGB (o §435 BGB) que dispõe o seguinte: "a coisa está livre de vícios de direito

[460] Sobre a impossibilidade de restituição pode ver-se o nosso CATARINA MONTEIRO PIRES, *Resolução do contrato por incumprimento e impossibilidade de restituição em espécie*, *O Direito*, 2012, III, p. 653 ss.

[461] Sobre a determinação da prestação restitutória em valor, *vide* o nosso CATARINA MONTEIRO PIRES, *A prestação restitutória em valor na resolução do contrato por incumprimento*, *Estudos em homenagem a Miguel Galvão Teles*, Almedina, Coimbra, 2012, p. 703 ss.

[462] ANTÓNIO MENEZES CORDEIRO, *Tratado*, XI, p. 228 ss.

[463] FERRER CORREIA / ALMENO DE SÁ, Parecer, *A Privatização da Sociedade Financeira Portuguesa*, p. 284.

[464] *Idem*, p. 285.

quando terceiros não possam fazer valer contra o comprador quaisquer direitos relacionados com a coisa ou apenas direitos assumidos no contrato de compra"[465].

Em *segundo lugar*, não são consideradas onerações limitações de ordem geral. No exemplo de ANTÓNIO MENEZES CORDEIRO, são de ordem geral restrições relativas aos planos diretores municipais[466]. O exemplo é generalizável a outros casos, sobretudo nos chamados "setores regulados" (v.g. energia, água, telecomunicações), em que existam limitações análogas. Quer dizer que as limitações que atinjam indiferenciadamente os titulares de bens podem considerar-se excluídas.

2. Tratando-se de bem onerado, a venda será anulável dentro das condições previstas no artigo 905º, nomeadamente desde que os ónus ou a limitação a que o bem está sujeito, de forma irremediável, "excedam os limites normais inerentes aos direitos da mesma categoria". Em termos abstratos, não sendo a anulabilidade sanável através da convalescença do contrato, o comprador pode exigir uma redução do preço e serão convocáveis os regimes indemnizatórios dos artigos 908º ou 909º (interesse contratual negativo) ou do artigo 910º (interesse contratual positivo).

Também aqui, há que deixar algumas notas.

Uma primeira via disponível é, portanto, nos termos da lei, a anulação do negócio. Como dissemos já em relação à venda de bens defeituosos, na realidade da venda da empresa, esta não será uma via frequente de resolução dos problemas. Se o comprador aceitar o efeito restitutório, terá de alegar e provar a verificação dos requisitos do erro ou do dolo (cf. artigos 247º, 251º e 253º), dentro do prazo legal fixado de um ano (cf. artigo 287º, nº 1)? Quanto a nós, é de seguir, quanto a este ponto, as doutrinas que procuraram compatilizar a referência à anulação com base em erro com a circunstância de o contrato poder manter-se com expurgação do ónus[467]. Com efeito, a ideia de retificação só se compreende se o vendedor estiver adstrito a um programa obrigacional do qual se desviou. Inversamente, se o problema for de erro, não se

[465] Seguimos a tradução de ANTÓNIO MENEZES CORDEIRO, *Tratado*, XI, p. 227.

[466] ANTÓNIO MENEZES CORDEIRO, *Tratado*, XI, p. 233.

[467] Para uma síntese geral, ANTÓNIO MENEZES CORDEIRO, *Tratado*, XI, p. 235 ss.

percebe por que razão haverá um expurgação do ónus: tudo se resume a saber se a vontade está ou não viciada. Também a ideia de redução do preço não fará sentido se o problema da oneração do bem fosse um problema de formação da vontade.

Na síntese de MANUEL CARNEIRO DA FRADA: "as declarações das partes são de interpretar no sentido de que se quis transmitir (adquirir) um direito livre de ónus ou limitações anormais. Desta forma, o artigo 905º, na sua primeira parte, funciona como uma regra materialmente interpretativa que desonera o comprdor da prova daquele sentido das declarações negociais". Para fazer valer os seus direitos o comprador "só terá, em regra, de fazer a prova da deficiência do direito transmitido, cabendo à contraparte a demonstração de que ele conhecia de antemão o vício de direito". Conclui pois o Autor que "segundo as regras gerais do incumprimento, o erro não é facto constitutivo do direito do comprador-credor, que a ele caiba provar, mas circunstância impeditiva desta posição, com demonstração a cargo do vendedor-devedor (artigo 324º, nº 2)"[468].

3. O vício pode ser sanado através de expurgação do ónus, nos termos do artigo 906º. Contudo, também aqui, a via da sanação através da expurgação não será comum. Se a empresa foi vendida com um balanço com incorreções, descobrindo-se depois a existência de dívidas sem correspondência no balanço ou uma receita inferior ao esperado, a ideia de expurgação dificilmente terá aplicação prática[469]. Pode mesmo tratar-se de uma impossibilidade[470].

4. Quanto à redução do preço, remetemos para o que dissemos quanto à venda de bens defeituosos.

Se da venda de bens onerados resultarem prejuízos para o comprador, pode haver ressarcimento através de indemnização, sendo o dano calculado nos termos gerais. Vale, pois, a regra geral: "quem estiver obrigado a reparar um dano deve reconstituir a situação que existiria, se não se tivesse verificado o evento que obriga à reparação" (artigo 562º).

[468] MANUEL CARNEIRO DA FRADA, *Perturbações típicas do contrato de compra e venda*, p. 114.

[469] No mesmo sentido, BARBARA JAGERSBERGER, *Die Haftung des Verkäufers*, pp. 156-157.

[470] CHRISTIAN KÖSTER, *Die Haftung des Unternehmensverkäufers für falsche Abschlussangaben nach neuem Schuldrecht*, Francoforte, 2005, p. 130.

Não é nosso objetivo examinar exaustivamente a disciplina legal, que pode ser apreendida nas obras gerais de referência. Deixamos apenas *três notas adicionais*, relativas à especificidade da indemnização nestas hipóteses de venda de bens onerados.

A *primeira nota*, de caráter geral, para recordar, como nota António Menezes Cordeiro, que o regime legal instituiu um "pequeno subsistema indemnizatório de teor geral restritivo". São expressão disso mesmo os preceitos dos artigos 908º e 909º:

Artigo 908º
Indemnização em caso de dolo

Em caso de dolo, o vendedor, anulado o contrato, deve indemnizar o comprador do prejuízo que este não sofreria se a compra e venda não tivesse sido celebrada.

Artigo 909º
Indemnização em caso de simples erro

Nos casos de anulação fundada em simples erro, o vendedor também é obrigado a indemnizar o comprador, ainda que não tenha havido culpa da sua parte, mas a indemnização abrange apenas os danos emergentes do contrato.

A *segunda nota* para sublinhar que, no regime em apreço, parece ser inevitável a diferenciação consoante (*i*) o comprador tenha anulado o negócio, hipótese menos frequente, em que a indemnização poderá ficar limitada pelo interesse contratual negativo, ou (*ii*) o comprador tenha optado por manter o negócio, caso em que poderá ser indemnizado o dano do cumprimento. Pergunta-se se esta aceitação implica uma incoerência sistemática (a juntar a outras do regime da compra e venda), mas parece ser aquela que respeita a letra da lei. Dizemos incoerência sistemática porque, pela nossa parte, entendemos que a pertinência da indemnização pelo interesse contratual positivo em caso de resolução foi demonstrada por Paulo Mota Pinto[471], numa refutação

[471] Paulo Mota Pinto, *Interesse* II, p. 1604 ss.

do "dogma (errado) da impossibilidade de uma indemnização por não cumprimento do contrato em caso de resolução por não cumprimento" que nos parece convincente [472]e por isso nos casos em que haja resolução o credor pode exigir uma indemnização pelo não cumprimento embora limitado pelo "método da diferença"[473], facultando ao credor uma *tutela integral*[474].

Haverá então incoerência? Uma via para assegurar a consistência de soluções será justificar a indemnização na violação de deveres de informação. Nesta linha, pode convocar-se a linha de pensamento de PAULO MOTA PINTO quando alude ao regime do artigo 908º como base da conceção do legislador no sentido de "conceder relevância à invalidade para o alcance da indemnização" e de fazer corresponder o âmbito da indemnização ao interesse contratual negativo, na medida em que está em causa a celebração de um contrato sem informação à contraparte acerca dos vícios do bem[475]. Uma outra via, esta sem dúvida superadora de qualquer incoerência, é a de considerar a indemnização pelo interesse positivo. Neste sentido, conflui a proposta de ANTÓNIO MENEZES CORDEIRO: no artigo 908º, onde está "se a compra e venda não tivesse sido celebrada" devia ler-se "se não tivesse havido onerações"[476].

A *terceira nota*: é evidente o mais intenso desvio objetivista da responsabilidade civil na venda de bens onerados, quando confrontada com a venda de bens defeituosos, atento o disposto no artigo 909º. O vendedor é obrigado a indemnizar o comprador, ainda que não tenha havido culpa da sua parte.

A *quarta nota* para recordar que poderá suscitar algumas dificuldades o enquadramento dos casos de negligência do vendedor, perante os artigos 908º e 909º. Ainda assim, parece que estas hipóteses deverão seguir o regime fixado, dada a letra da lei[477].

[472] A expressão é utilizada em *Indemnização e resolução do contrato por não cumprimento*, p. 63.

[473] PAULO MOTA PINTO, *Interesse*, II, p. 1641 ss. Uma síntese da argumentação do Autor pode encontrar-se no artigo *Indemnização e resolução do contrato por não cumprimento*, p. 63 ss.

[474] *Idem*, p. 1654.

[475] PAULO MOTA PINTO, *Interesse*, II, p. 1202.

[476] ANTÓNIO MENEZES CORDEIRO, *Tratado*, XI, p. 246.

[477] MANUEL CARNEIRO DA FRADA, *Perturbações típicas do contrato de compra e venda* (p. 97 ss), *Forjar o Direito*, p. 109 ss.

4.7. Tutela no âmbito da indemnização por culpa *in contrahendo*

1. Tanto nos casos de venda da participações acionistas de controlo equiparável à venda da empresa, como nos casos de venda da participações acionistas de controlo não equiparável à venda da empresa, o comprador poderá recorrer ao regime da culpa *in contrahendo*, por violação de deveres de informação (artigo 227º). Já dissemos que não nos parece que esta via seja a única suscetível de resolver os problemas nos casos de vendas de participações acionistas de controlo equiparáveis à venda da empresa, mas é uma possibilidade de reação do comprador[478].

A tese da culpa *in contrahendo* trata o problema no âmbito da violação de deveres de informação por parte do vendedor sobre os quais já nos pronunciámos em momento anterior deste estudo. Dedicaremos agora a nossa atenção apenas às consequências da violação de um dever de informação no âmbito da responsabilidade por culpa *in contrahendo*. Também nesta sede, é concebível a desvinculação como forma de ressarcimento, mas não será esta, em regra, a reação mais adequada, considerando a realidade da empresa e os custos restitutórios[479]. Acrescentemos, pois, apenas breves notas relativas à relevância da conduta do lesado, à prova no domínio do ilícito e da causalidade e à indemnização do dano.

[478] Diferentes são pois as orientações, como a sufragada por M.J. Almeida Costa, para quem a culpa *in contrahendo* constituiria uma via de enquadramento de perturbações na venda da empresa através da venda das participações sociais, com exclusão do regime da venda de bens onerados ou de bens defeituosos – veja-se o voto de vencido no caso da Privatização da Sociedade Financeira Portuguesa, em *A Privatização da Sociedade Financeira Portuguesa*, Lex, 1994, pp. 64-65. Sobre a culpa *in contrahendo* nos contratos comerciais, M. Januário da Costa Gomes, *Contratos Comerciais*, Almedina, Coimbra, 2013, p. 36 ss.

[479] O problema da desvinculação pressupõe que o dano é a própria vinculação ao negócio jurídico e o ilícito a violação de deveres de informação com consequente constrangimento da liberdade de decisão do contraente – *vide* Hans Christoph Grigoleit, *Vorvertragliche Informationshaftung*, p. 137 e 148 e Stefan Lorenz, *Der Schutz vor dem unerwünschten Vertrag. Eine Untersuchung von Möglichkeiten und Grenzen der Abschlusskontrolle im geltenden Recht*, Beck, Munique, 1997, p. 72 ss. Em sentido distinto, Hans Stoll, *Haftungsfolgen fehlerhafter Erklärungen beim Vetragsschluss, Festschrift für Stefan Riesenfeld aus Anlass seines 75. Geburtstages*, 1983, p. 275 ss.

2. No que respeita à *culpa in contrahendo*, algumas referências doutrinárias depõem no sentido de que a *culpa do lesado* constituiria um fator de afastamento da responsabilidade pré-contratual[480].

Nos trabalhos preparatórios do Código Civil, salientou VAZ SERRA que "a responsabilidade por *culpa in contrahendo* não tem razão de ser quando a outra parte conhecia ou devia conhecer o facto de que se trata", mas realçou também que "se uma das partes conhecia ou ignorava com culpa o facto e a outra o ignorava culposamente, parece razoável não excluir sem mais o direito de indemnização, mas aplicar as regras sobre conculpabilidade do prejudicado em matéria de dever de indemnizar"[481]. Parece-nos que, em termos abstratos, a situação do lesado pode, de facto, implicar uma exclusão de responsabilidade do vendedor ou uma limitação da indemnização a cargo do vendedor.

Nas hipóteses de culpa *in contrahendo* que nos ocupam, a relevância da conduta do *lesado* encontra, além do mais, justificação material na circunstância de se reconhecerem ónus pré-contratuais ao contraente que confia nas declarações negociais – *maxime* de ónus pré-contratuais de informação – e surge, ainda, com outras vestes, no contexto de uma justificação para o investimento de confiança realizado.

Como salienta LARENZ, nem todos os casos de omissão de informação correspondem a hipóteses de *culpa in contrahendo*, porque cada contraente suporta o ónus de se informar e de recolher informação contratualmente relevante[482]. O problema estará em saber se, em concreto, alguma exigência pode ser assacada ao comprador, para que de "culpa do lesado" ou de contribuição para o resultado se possa falar.

Neste âmbito, é ainda útil recordar a afirmação de FLEISHER, ao notar que nos casos em que o vendedor pura e simplesmente viola o "dever de verdade, transmitindo informações falsas, não haverá lugar a uma conculpabilidade do comprador. O comprador não estaria obrigado a indagar, a verificar se a informação era falsa, ou não[483].

[480] JORGE RIBEIRO DE FARIA, *Direito das obrigações*, I, Almedina, Coimbra, 2003, p. 131, nota 2.

[481] *Vide* o artigo 10º, nº 2, do Articulado *em* VAZ SERRA, *Culpa do devedor*, p. 146.

[482] KARL LARENZ/MANFRED WOLF, *Allgemeiner Teil*, p. 599.

[483] HOLGER FLEISCHER/ TORSTEN KÖRBER, *Due diligence und Gewährleistungen beim Unternehmenskauf*, p. 847.

Segundo Patrícia Afonso Fonseca, constituem indícios de culpa do lesado "(i) o facto de ter sido disponibilizada a informação necessária para que o comprador tomasse conhecimento do vício ou defeito e de este não ter sido rigoroso na sua análise (ii) o facto de o comprador não ter usado da diligência que lhe era exigida, por exemplo, ao não se ter deslocado para consultar a documentação disponibilizada pelo vendedor ou (iii) de o comprador não ter solicitado os esclarecimentos que um comprador normal e prudente colocado naquela situação teria procurado obter junto do vendedor"[484]. Estes podem, também quanto a nós, constituir os pontos de partida de uma indagação sobre o conhecimento que o comprador poderia ter tido.

3. Em matéria probatória, deve admitir-se a presunção de culpa do devedor, atendendo à proximidade entre os casos de culpa *in contrahendo* que nos ocupam e a responsabilidade obrigacional (artigo 799º)[485]. Quer isto dizer que a culpa do devedor da prestação fica suposta, deixando o credor desonerado de a provar. O devedor pode, porém, ilidir a presunção, provando não ter culpa e, realce-se novamente, não ter culpa significa ter agido com a diligência exigível, ter cumprido os deveres de cuidado a que estava obrigado. Mais dúvidas suscita, porém, a prova do ilícito e a prova da causalidade.

Quanto ao ilícito, no nosso ordenamento jurídico, ao credor incumbe a prova do seu direito de crédito e, ao devedor que pretende exonerar-se, cabe a prova do cumprimento ou da impossibilidade do cumprimento (artigo 342º, nºs 1 e 2, respetivamente). O facto constitutivo do direito de crédito (direito indemnizatório) é o não cumprimento da obrigação[486]. Contudo, Luís Menezes Leitão salienta, no domínio geral da responsabilidade obrigacional, que "se o credor provar a existência do direito de crédito, parece que ficará dispensado de provar a inexecução da obrigação, uma vez que é o devedor quem tem que provar o seu cumprimento"[487]. Seguindo a mesma linha de raciocinio em sede de

[484] Patrícia Afonso Fonseca, *A negociação de participações de controlo. A jurisprudência*, p. 37.

[485] No sentido do caráter obrigacional da culpa *in contrahendo*, António Menezes Cordeiro, *Tratado*, II, p. 295.

[486] João Antunes Varela, *Das obrigações*, I, p. 589.

[487] Luís Menezes Leitão, *Direito das Obrigações*, II, p. 258.

culpa *in contrahendo*, Eva Sónia Moreira da Silva sustentou que é o devedor quem tem de provar o cumprimento de deveres de informação, por se tratar de um facto extintivo da responsabilidade[488].

Uma ponderação alternativa pode resultar, quanto à prova do ilícito, da extensão da presunção do artigo 799º à culpa *in contrahendo*, caso se acolha a orientação segundo a qual esta norma encerra uma presunção de *faute*.

Uma posição muito divulgada na nossa doutrina distingue entre ilicitude e culpa[489]. A base dessa destrinça foi apontada por Gomes da Silva: "a essência da culpa (...) embora suponha a ilicitude, não abarca o comportamento ilegítimo, antes se restringe ao elemento moral que o vincula ao agente (...)"[490]. Enquanto a ilicitude se traduziria apenas em "não cumprir os termos acordados"[491], a culpa implicaria um juízo ético-normativo de censura. Nesta linha, salienta Inocêncio Galvão Telles que a ilicitude corresponde à inexecução da obrigação[492], não cabendo ao credor provar a inexecução, mas cumpre antes ao devedor provar que cumpriu[493]. O Autor distingue, também, entre ilicitude e culpa na responsabilidade obrigacional[494], salientando que "a inexecução da obrigação, em si mesma, é em princípio um acto ilícito porque se traduz, objectivamente, na violação ou ofensa do *direito* do credor" e realçando ainda que, tratando-se de um comportamento objetivamente considerado, não se confundiria como o "nexo de imputação ético-jurídica" em que se traduz a culpa[495]. Contudo, referindo-se ao "problema embara-

[488] Assim, por exemplo, Eva Sónia Moreira da Silva, *Da responsabilidade pré-contratual*, p. 205.

[489] João Antunes Varela, *Das obrigações*, II, p. 94 ss e, do mesmo Autor, *Das obrigações*, I, p. 587, Luís Menezes Leitão, *Direito das obrigações*, II, p. 253 ss, Jorge Ribeiro de Faria, *Direito das obrigações*, II, Almedina, Coimbra, 2001, p. 398 ss, Nuno Pinto Oliveira, *Direito das obrigações*, vol. I, Almedina, Coimbra, 2005, p. 156 ss e, do mesmo Autor, *Princípios de Direito dos Contratos*, Coimbra Editora, Coimbra, 2011, p. 430, José Carlos Brandão Proença, *A conduta do lesado*, pp. 496-497.

[490] Manuel Gomes da Silva, *O dever de prestar*, pp. 112-113.

[491] Jorge Ribeiro de Faria, *Direito das obrigações*, II, p. 113.

[492] Inocêncio Galvão Telles, *Direito das obrigações*, p. 333.

[493] Inocêncio Galvão Telles, *Direito das obrigações*, p. 335.

[494] Explicitamente, por exemplo, na p. 343 e nas pp. 344-345.

[495] Inocêncio Galvão Telles, *Direito das obrigações*, p. 342.

çoso" da destrinça entre exclusão da ilicitude e exclusão da culpa, considerou também GALVÃO TELLES que o mesmo "não oferece grande interesse prático no domínio da responsabilidade obrigacional"[496]. No fundo, de acordo com esta perspetiva, a ilicitude corresponderia à ausência do comportamento devido, à falta de correspondência entre a conduta do devedor e a vinculação emergente do programa obrigacional. A culpa, por seu turno, seria já a censura pessoal que retira o seu fundamento do facto de o devedor não ter agido em conformidade com a sua vinculação debitória sem motivo que justifique esse desvio (isto é, sem que haja um facto de credor ou de terceiro ou um caso fortuito ou de força maior). ANTÓNIO MENEZES CORDEIRO considerou haver razões para, num quadro de diferenciação entre a responsabilidade obrigacional e a responsabilidade aquiliana compreender a presunção do artigo 799º, nº 1, como uma presunção *de culpa e de ilicitude*, isto é, como uma presunção de *faute*[497], e não como uma pura *Verschuldensvermutung*. A ideia de que a "culpa da responsabilidade obrigacional" corresponde à *faute* resultaria do "modelo híbrido" acolhido no Código Civil, em que a responsabilidade obrigacional segue o modelo napoleónico, assente na *faute* – na sua bidimensionalidade de elementos objetivos e subjetivos –, enquanto a responsabilidade delitual é moldada sobre o modelo alemão, baseado numa destrinça entre culpa e ilicitude e ainda, na própria evolução doutrinária e jurisprudencial registada no nosso país[498]. Este entendimento distanciar-se-ia, assim, da visão unitária do universo da responsabilidade civil e da distinção, no seu seio, entre ilicitude e culpa. No fundo, o sistema português teria acolhido um modelo dualista (culpa *e* ilicitude) no foro aquiliano e um modelo monista (*faute*) no foro obrigacional. Esta solução, longe de constituir um "uso excessivo do direito comparado", permitiria uma diferenciação consistente e vantajosa de regimes, assentindo um tratamento distinto dos casos concretos consoante existisse, ou não, um vínculo específico entre lesante e lesado[499].

[496] *Idem*, p. 342.

[497] ANTÓNIO MENEZES CORDEIRO, *Da responsabilidade civil*, p. 446 ss, em particular p. 469, retomando a ideia em obras posteriores, designadamente em *Tratado de Direito Civil*, VIII, *Direito das Obrigações*, Almedina, Coimbra, 2016 p. 378 ss e *Tratado*, IX, p. 379 ss.

[498] ANTÓNIO MENEZES CORDEIRO, *Tratado*, III, II, p. 367 ss.

[499] ANTÓNIO MENEZES CORDEIRO, *Litigância de má-fé*, p. 181.

Uma semelhante "aderência da culpa à ilicitude"[500] ressalta do pensamento de MANUEL CARNEIRO DA FRADA. Segundo o Autor, a presunção em apreço "para além da censurabilidade da conduta do devedor, ela estende-se também à *existência de um comportamento faltoso* do devedor ou dos seus auxiliares e à causalidade entre esse mesmo comportamento e a falta de cumprimento ou o cumprimento defeituoso verificados", concluindo que "provada a falta ou a deficiência da prestação realizada, presume a lei também que elas repousam num conduta *ilícita* do devedor (uma presunção de ilicitude!), desonerando o credor da respectiva prova"[501].

LUÍS MENEZES LEITÃO considera que o artigo 799º, nº 1, consagra uma presunção de culpa nos termos gerais, não abrangendo, portanto, presunção de ilicitude, nem de causalidade[502].

Assumindo que a causalidade tem de ser provada, é de realçar, porém, que no direito alemão, os tribunais têm admitido presunções judiciais destinadas a aligeirar a respetiva prova[503]. A presunção de comportamento conforme à informação permitiria que o comprador não fosse onerado com a prova de que, se tivesse sabido que a garantia era falsa ou que as dívidas não eram as declaradas, teria agido de outro modo, teria imposto outras condições quanto à venda[504]. Esta presunção, que tem já merecido aceitação entre nós[505], não deve ser rejeitada.

4. Quanto à indemnização do dano, devem seguir-se as regras gerais, seguindo-se primariamente a reconstituição natural (artigo 562º), apenas cabendo uma indemnização em dinheiro quando aquela não for possível, não reparar integralmente os danos ou for excessivamente onerosa para o devedor (artigo 566º). Na indemnização compreendem-se naturalmente os danos emergentes e os lucros cessantes (artigo 564º,

[500] A expressão é de MARIA DE LURDES PEREIRA, *Conceito de prestação*, p. 223.

[501] MANUEL CARNEIRO DA FRADA, Contrato *e deveres de protecção*, pp. 191-192.

[502] LUÍS MENEZES LEITÃO, *Direito das Obrigações*, II, p. 259.

[503] MAXIMILAN RITTMEISTER, *Gewährleistung beim Unternehmenskauf*, p. 166.

[504] CHRISTOPH LOUVEN, *Streitigkeiten nach gesetzlichem Gewährleistungs- und Haftungsrecht*, p. 446.

[505] PAULO MOTA PINTO, *Interesse*, II, pp. 1388 e 1454.

nº 1). Mais dúvidas pode suscitar o âmbito do dano indemnizável: interesse negativo ou interesse positivo[506]?

Sobre o problema no domínio da venda da empresa pronunciou-se já Paulo Mota Pinto nos seguintes termos:

> "Se (...) a falta de informação não for de tal modo grave que o comprador não tivesse deixado de celebrar qualquer contrato com tal informação, o comprador tem, igualmente, direito a uma indemnização com fundamento no artigo 227º, nº 1, a qual não é excluída pela validade e eficácia do contrato. Tal indemnização visará colocar o lesado na situação em que estaria se tivesse sido devidamente informado, isto é, se tivesse celebrado outro negócio, mais vantajoso, com o vendedor, e poderá igualmente conduzir, pela via da restauração natural, a uma modificação do negócio – designadamente, *reduzindo-se o preço* (...). A modificação, em particular a redução do preço, por via indemnizatória deverão ser efectuadas para as *condições em que o lesado teria concluído o negócio se tivesse sido corretamente informado – método subjectivo, indemnizatório ou hipotético, que resulta do critério do artigo 562º*"[507].

Eva Moreira da Silva parece admitir a dispensa da contraposição "interesse positivo" e "interesse negativo", de modo a que os conceitos não sirvam de impedimento ao juiz para determinar a indemnização de acordo com o montante dos danos provados[508].

A tendência dogmática recente tem sido por um lado, para compreender o universo da *culpa in contrahendo* através de uma distinção entre grupos de casos[509] e, por outro lado, para negar uma limitação *geral*

[506] Algumas posições parecem admitir a dispensa da contraposição "interesse positivo" e "interesse negativo", de modo a que os conceitos não sirvam de impedimento ao juiz para determinar a indemnização de acordo com o montante dos danos provados – assim, Eva Sónia Moreira da Silva, *Da responsabilidade pré-contratual*, p. 217.

[507] Paulo Mota Pinto, *Interesse*, II, p. 1455.

[508] Eva Sónia Moreira da Silva, *Da responsabilidade pré-contratual*, p. 217.

[509] A *culpa in contrahendo* tem sido compreendida por referência a três grupos de casos: aqueles em que os danos são independentes da conclusão de um contrato, aqueles em que os danos resultam da falta de um contrato eficaz e, finalmente, as situações em que a confiança de uma das partes se frustra com a conclusão do contrato, nos termos em que foi celebrado. *Vide* por exemplo António Menezes Cordeiro, *Tratado*, II, p. 271 ss, Paulo Mota Pinto, *Interesse*, II, p. 1149 ss.

e apriorística do âmbito da indemnização ao interesse contratual negativo[510]. Atualmente, a problemática do âmbito indemnizatório na *culpa in contrahendo* assenta no reconhecimento de que, em certos casos – *maxime* naqueles em que, sem a conduta ilícita do lesante, teria sido validamente concluído um contrato –, pode ser atribuída ao credor uma indemnização pelo interesse contratual positivo[511].

Neste quadro geral, muito embora a limitação ao dano da confiança pareça representar a posição "possivelmente ainda dominante"[512], parecem estar criadas as condições para se reconhecer definitivamente a conveniência em evitar *o princípio do tudo ou nada*, como advertia já Baptista Machado, em favor de uma avaliação concreta do caráter do compromisso assumido, da intensidade da confiança e dos seus efeitos e dos próprios danos causados[513].

Deixando de lado as hipóteses de desvinculação (o comprador não teria celebrado o contrato se tivesse tido acesso à informação em falta), a indemnização visará colocar o comprador na situação em que estaria se tivesse sido informado, quer dizer, na situação em que estaria se a negociação tivesse sido conduzida de acordo com as regras da boa-fé.

Fundamental será, portanto, desde logo, a determinação do ilícito e do evento lesivo, do tipo de informação ocultada ou incorretamente fornecida e dos valores em jogo.

Quanto ao dano indemnizável, pergunta-se se nos casos que nos ocupam pode haver uma indemnização pelo interesse positivo enquadrável no âmbito da culpa pré-contratual. Como dissemos, na venda de participações acionistas, a indemnização visará colocar o comprador na situação em que estaria se tivesse sido informado corretamente.

[510] *Vide*, entre outros, António Menezes Cordeiro, *Tratado*, II, p. 282 ss (com vários elementos jurisprudenciais, que revelam a divisão dos tribunais quanto à questão da limitação da indemnização ao interesse contratual negativo, pp. 284-285), João Baptista Machado, *Tutela da confiança*, p. 415 ss, Ana Prata, *Notas*, p. 99 ss e 176 ss, Manuel Carneiro da Frada, *Teoria da confiança*, p. 618 ss e, sobretudo, a obra de Paulo Mota Pinto, *Interesse*, II, p. 1125 ss. Com vários elementos doutrinários, no sentido da limitação ao dano da confiança no nosso direito, Dário Moura Vicente, *Da responsabilidade pré-contratual*, p. 322 ss e, do mesmo Autor, *Culpa na formação*, p. 272 ss.

[511] *Vide*, por exemplo, António Menezes Cordeiro, *Tratado*, II, p. 282 ss, Paulo Mota Pinto, *Interesse*, II, p. 1126 ss.

[512] É a conclusão de Paulo Mota Pinto, *Interesse*, II, p. 1129, com vastas citações.

[513] João Baptista Machado, *Tutela da confiança*, p. 369.

Mas a determinação concreta obrigará a distinguir consoante o lesado tenha, ou não, direito a anular o contrato. Na hipótese de anulação (não de resolução), a preterição de um dever de esclarecimento ou informação pré-contratual terá induzido à celebração de um contrato indesejado, pelo que a indemnização deverá colocar o lesado na situação em que estaria se não tivesse celebrado o contrato, correspondendo, assim, a uma indemnização pelo interesse contratual negativo[514]. Nos casos de manutenção do contrato, o lesado tem direito a ser colocado na situação em que estaria se tivesse sido informado, ou corretamente informado, e, nessa medida, "tem direito a ser indemnizado pelo dano surgido pela sua *confiança* na correção e na completude da informação"[515]. A ideia de *interesse no cumprimento* referir-se-á apenas ao dever pré-contratual[516].

Diferente da violação de um dever pré-contratual de informação será, contudo, a desconformidade de uma "garantia" prestada pelo vendedor. Em certos casos, se efetivamente a garantia assegurar a existência de certas circunstâncias, pode haver lugar a uma indemnização pelo interesse contratual positivo. Esta diferenciação quanto ao dano indemnizável torna evidente a importância da distinção entre "garantia" e "informação" sobre a qual nos ocupámos noutro momento deste estudo (*vide supra* ponto 3.2.).

4.8. Tutela através da modificação do contrato fundada em erro sobre a base do negócio

1. Outro meio de reação possível para os casos acima descritos é o regime do erro sobre a base do negócio, constante do artigo 252º, nº 2, do Código Civil. Preceitua esta norma o seguinte:

Artigo 252º
(Erro sobre os motivos)

1. O erro que recaia nos motivos determinantes da vontade, mas se não refira à pessoa do declaratário nem ao objecto do negócio, só é causa de

[514] *Vide* Paulo Mota Pinto, *Interesse*, II, p. 1369-1370.
[515] *Vide* Paulo Mota Pinto, *Interesse*, II, p. 1382.
[516] *Idem*, p. 1384.

anulação se as partes houverem reconhecido, por acordo, a essencialidade do motivo.
2. Se, porém, recair sobre as circunstâncias que constituem a base do negócio, é aplicável ao erro do declarante o disposto sobre a resolução ou modificação do contrato por alteração das circunstâncias vigentes no momento em que o negócio foi concluído.

Repare-se que, nos casos de venda da participações acionistas de controlo equiparável à venda da empresa, o erro sobre a base do negócio não é, quanto a nós, uma inevitabilidade ou o único caminho, mas sim uma opção do comprador. Esta circunstância deve-se ao conceito amplo de defeito (e de ónus) que adotámos. Nos casos de venda de participações acionistas de controlo não equiparável à venda da empresa, o erro sobre a base do negócio continua a ser uma opção, desta vez dualizando apenas com o regime da culpa *in contrahendo*.

2. O regime do erro e a autonomia do erro sobre a base do negócio são matérias controversas[517], não sendo esta a sede própria para as examinar em detalhe. Contudo, sob pena de não esclarecermos aspetos importantes para o regime da venda da empresa e de participações acionistas, é mister aflorar *três questões essenciais*: a *primeira* diz respeito ao conceito de base do negócio, a *segunda* refere-se à unilateralidade ou bilateralidade do erro, a *terceira* aos demais requisitos da figura e ao âmbito do erro sobre a base do negócio no confronto com o erro sobre o objeto e o erro sobre os motivos. Vejamos cada uma delas isoladamente, examinando, no final, especificidades da figura no âmbito da venda de participações acionistas.

3. Quanto à *primeira questão*, o Código Civil não faculta uma definição de base de negócio, tal como não concede, aliás, qualquer noção de declaração negocial. Os contornos da figura devem, portanto, ser procurados no campo das construções dogmáticas que se empenharam em deslindá-lo[518].

[517] *Vide*, por todos, Paulo Mota Pinto, *Falta e vícios da vontade – O Código Civil e os regimes mais recentes* (p. 459 ss), p. 472 ss.
[518] Diversamente, segundo Oliveira Ascensão, a transformação da fórmula de Oertmann em conceito legal teria implicado uma rutura da norma com os seus antece-

A base do negócio surge, por vezes, mencionada como "circunstâncias patentemente fundamentais" em relação às quais o princípio da boa-fé impõe, "um condicionamento do negócio"[519]. O erro sobre base do negócio corresponderia, assim, a "casos em que a contraparte aceitaria ou, segundo a boa fé, deveria aceitar um condicionamento do negócio à verificação da circunstância sobre que incidiu o erro, se esse condicionamento lhe tivesse sido proposto pelo errante"[520]. Não se trataria de um mero motivo, individual ou comum a todos os contraentes. Aliás, realça-se ainda que "as circunstâncias que constituem a base do negócio não têm de ser valoradas de igual modo por ambas as partes"[521].

Revisitando as principais posições sobre o assunto, algumas já antigas, mas ainda hoje válidas quando se trata de densificar este conceito, podemos distinguir, seguindo uma classificação usual, entre teorias subjetivas, objetivas e mistas. Na verdade, ainda que superada a conceção windschediana de "pressuposição", a matéria da *falta da base do negócio* fica marcada pela pré-compreensão que se perfilhe acerca base do negócio como uma realidade (ainda) ligada a uma vontade ou a uma representação dos contraentes ou como uma exigência heterónoma do sistema, fundada na boa-fé. Nas formulações de pendor subjetivo, destaca-se a tese de Paul Oertmann[522], da base do negócio enquanto "representação de um participante, que surge aquando da conclusão do negócio, cujo significado é reconhecido e não contestado pela contraparte ou a representação conjunta de vários sujeitos acerca da existência de certas circunstâncias, em cuja base assenta a vontade negocial"[523]. Na esteira de Oertmann, a fórmula sacramental, segundo a qual "a base do negócio é construída através das representações conhecidas de ambas as partes na conclusão do negócio ou conhecidas de uma das partes, mas cognoscíveis e incontestadas pela outra parte, sobre a existência,

dentes, de tal modo que a base do negócio expressa nas circunstâncias em que as partes fundaram a decisão de contratar valeria, entre nós, com o valor que o sistema legal lhe atribuísse (*Direito civil,Teoria Geral*, III, Coimbra Editora, Coimbra, 2002, p. 185 ss, em particular p. 187).

519 Paulo Mota Pinto, *Declaração tácita*, p. 351.

520 Carlos Mota Pinto, *Teoria geral*, p. 515.

521 Carlos Ferreira de Almeida, *Erro*, p. 5.

522 Paul Oertmann, *Die Geschäftsgrundlage*, p. 25 ss.

523 Paul Oertmann, *Die Geschäftsgrundlage*, p. 37.

presente ou futura, de circunstâncias que formam a base da vontade de contratar" enraizou-se na jurisprudência alemã[524].

Num quadrante oposto ao da tese de OERTMANN, LARENZ e LOCHER propuseram uma definição objetivista. A base do negócio não poderia ser compreendida com referência – ou apenas com referência – às representações de uma parte conhecidas e não contestadas pela outra ou à formulação de ambas as partes, aquando da celebração do contrato.

Para LOCHER, a base do negócio corresponderia ao "complexo de circunstâncias, sem cuja existência, perduração ou aparecimento, o efeito negocial visado, de acordo com o conteúdo negocial (o fim do negócio), não pode ser atingido, apesar da regular conclusão do negócio e dos esforços exigíveis às partes, em conformidade com o conteúdo negocial"[525]. Numa formulação abreviada, a base do negócio não resultaria da representação das partes, mas corresponderia antes às circunstâncias necessárias à consecução do fim do negócio (*Geschäftszweck*)[526].

LARENZ, na sua obra *Geschäftsgrundlage und Vertragserfüllung*, de 1963 e, embora com menor expressão, num breve estudo posterior, *Zum Wegfall der Geschäftsgrundlage*, distingue um sentido subjetivo e um sentido objetivo de base do negócio[527]. Do ponto de vista subjetivo, este conceito compreender-se-ia enquanto representação das partes ou de uma delas aquando da celebração do negócio com relevância quanto ao "processo de motivação" subjacente ao contrato. De uma perspetiva objetiva, a base do negócio compreenderia ainda as circunstâncias de cuja existência ou duração depende o significado e o fim do próprio contrato[528]. Dito de outro modo, para o Autor, a base do negócio corres-

[524] Na jurisprudência, cf., por exemplo, Sent. BGH de 13 de novembro de 1975, NJW 1976, p. 565 ss e, todas do mesmo tribunal, Sent. de 8 de fevereiro de 1984, NJW 1984, p. 1746 ss, Sent. de 27 de setembro de 1991, NJW-RR 1992, p. 182 ss e Sent. do BGH de 24 de novembro de 1995, NJW 1996, pp. 991-992.

[525] EUGEN LOCHER, *Geschäftsgrundlage*, p. 71.

[526] *Idem*, p. 24 e, sobretudo, pp. 71-72.

[527] KARL LARENZ, *Geschäftsgrundlage und Vertragserfüllung. Die Bedeutung „veränderter Umstände" im Zivilrecht*, Beck, Munique e Berlim, 1963, 3ª ed. p. 7 ss. Nesta obra, LARENZ fixou as coordenadas gerais do conteúdo da base do negócio que se mantiveram nas obras posteriores do Autor, mesmo perante as mudanças de perspetiva quanto ao enquadramento dos casos de desaparecimento do fim e perante a *Schuldrechtsmodernisierung*.

[528] KARL LARENZ, *Geschäftsgrundlage*, p. 17.

ponderia às representações mentais dos contraentes aquando da conclusão do negócio jurídico, mas também ao conjunto de circunstâncias do qual o próprio contrato retira objetivamente o seu sentido último, isto é, de "todas as circunstâncias cujo desaparecimento torna o contrato sem significado, sem fim ou sem objeto"[529]. A base subjetiva equivaleria à representação das partes, aquando da conclusão do negócio, sobre circunstâncias determinantes do negócio. Tratar-se-ia da representação de ambas as partes ou da representação de uma das partes, mas com conhecimento por parte da outra, desde que a circunstância fosse determinante da vontade do negócio, conforme projetado por ambas as partes. Assim, o mero conhecimento por uma das partes de uma certa circunstância não seria suficiente para a qualificar como base do negócio[530]. A base objetiva, por seu turno, corresponderia ao circunstancialismo que deve estar presente no negócio, independentemente da representação das partes sobre o mesmo.

A distinção entre base subjetiva e base objetiva manteve-se no manual de LARENZ e de WOLF, posterior à *Schuldrechtsmodernisierung*. Ainda que à luz do BGB não haja uma diferenciação de consequências jurídicas entre a base subjetiva e a base objetiva, seria importante conservar a distinção, de modo a ter presente que não são apenas representações reais-psíquicas, mas também valorações normativas, que podem ter influência neste domínio[531].

Recentemente, a *Schuldrechtsmodernisierung* veio acolher na norma do §313 BGB a doutrina da base do negócio. Esta norma do Código alemão veio dispor o seguinte, interessando-nos o disposto no nº 2[532]:

§313 (Perturbação da base do negócio)

(1) Quando, depois da conclusão contratual, as circunstâncias que constituíram a base do contrato se tenham consideravelmente alterado e quando as partes, se tivessem previsto esta alteração, não o

[529] KARL LARENZ, *Schuldrecht*, p. 248 e KARL LARENZ/MANFRED WOLF, *Allgemeiner Teil*, p. 699 ss.

[530] KARL LARENZ, *Geschäftsgrundlage*, p. 184. Cf. Também KARL LARENZ/MANFRED WOLF, *Allgemeiner Teil*, p. 700.

[531] *Idem*, p. 701.

[532] Seguimos a tradução de ANTÓNIO MENEZES CORDEIRO, *Da modernização*, pp. 114-115.

tivessem concluído ou o tivessem feito com outro conteúdo, pode ser exigida a adaptação do contrato, desde que, sob consideração de todas as circunstâncias do caso concreto e, em especial, a repartição contratual ou legal do risco, não possa ser exigível a manutenção inalterada do contrato.

(2) Também se verifica alteração das circunstâncias quando representações essenciais que tenham sido base do contrato se revelem falsas.

(3) Quando uma adaptação do contrato não seja possível ou surja inexigível para uma das partes, pode a parte prejudicada resolver o contrato. Nas obrigações duradouras, em vez do direito de resolução tem lugar o direito de denúncia.

O §313 do BGB assenta na dicotomia entre *desaparecimento* e *falta* da base do negócio. As alterações graves de circunstâncias integradas na base do negócio depois da conclusão do contrato correspondem ao desaparecimento da base do negócio, nos termos do §313/1 (em causa estão "perturbações de execução", *Abwicklungsstörungen*). O §313/2, por seu turno, trata de hipóteses de erro comum ou de erro de uma parte quanto à assunção de certas circunstâncias, sendo essa assunção conhecida da outra parte – trata-se, aqui, de "perturbações de conclusão" (*Abschlussstörungen*)[533]. Ao contrário das hipóteses previstas no §313/1, no §313/2 a perturbação já existe à data da celebração do contrato, muito embora não seja ainda, nessa data, conhecida das partes. Observa-se, ainda, uma contraposição entre um elemento predominantemente objetivo (§313/1) e um elemento predominantemente subjetivo (§313/2).

No nosso ordenamento jurídico, a alusão do artigo 252º, nº 2, à base do negócio tem sido entendida dentro dos quadros intelectuais gerais desenvolvidos na Alemanha.

Galvão Telles sustentou que "constituem base do negócio as circunstâncias determinantes da decisão do declarante que, pela sua importância, justificam, segundo os princípios da boa fé, a invalidade do negó-

[533] Assim, na jurisprudência, o BGH aplicou o §313/2 ao caso de um tratamento médico realizado no pressuposto de que o seguro de saúde pagaria as respetivas despesas, considerando existir uma falta da base do negócio do contrato que deu origem ao tratamento – Sent. de 28 de abril de 2005, BGHZ 2006, p. 43 ss.

cio em caso de erro do declarante, independentemente de o declaratário conhecer ou dever conhecer a essencialidade, para o declarante, dessas circunstâncias e, por maioria de razão, sem necessidade de os dois se mostrarem de acordo sobre a existência daquela essencialidade"[534].

António Menezes Cordeiro, por seu turno, defende que no erro sobre a base do negócio está em causa a base do negócio subjetiva, isto é, "a representação de uma das partes, conhecida pela outra e relativa a certa circunstância basilar atinente ao próprio contrato e que foi essencial para a decisão de contratar"[535]. Numa ponderação global, e atendendo ainda aos elementos jurisprudenciais, conclui depois o Autor que "integram a *base do negócio* os elementos essenciais para a formação da vontade do declarante e conhecidos pela outra parte, os quais, por não corresponderem à realidade, tornam a exigência do cumprimento do negócio concluído gravemente contrário aos princípios da boa fé"[536].

Também Filipa Morais Antunes realçou que "o erro sobre a base do negócio é juridicamente relevante, na medida em que a essencialidade do elemento sobre que incidiu o erro seja comum a ambas as partes ou, não o sendo, seja conhecida ou cognoscível pela contraparte, pelo que a manutenção do negócio, nos termos em que foi celebrado, traduz um grave desequilíbrio negocial, com ofensa da boa fé, que não pode ser tolerado pelo ordenamento jurídico"[537].

Apesar de o conceito de "base do negócio" nos suscitar várias dúvidas e reservas, às quais se junta a difícil compreensão do regime do próprio erro, a sugerir uma revisão legislativa, parece-nos adequado "temperar" a ideia de base do negócio com a ofensa à boa-fé resultante da manutenção intocada do negócio jurídico.

Na jurisprudência, já se notou, com grande amplitude, que a base do negócio corresponde a um "quadro circunstancial externo"[538] ou, menos latamente, a "condições/questões fundamentais sobre as quais as partes edificaram o negócio, e em relação à quais (no todo ou em parte) houve

[534] Inocêncio Galvão Telles, *Manual dos contratos*, p. 103.

[535] António Menezes Cordeiro, *Tratado*, II, p. 868.

[536] António Menezes Cordeiro, *Tratado*, II, p. 869.

[537] Ana Filipa Morais Antunes, anotação ao artigo 252º, em *Comentário ao Código Civil. Parte Geral*, Universidade Católica Editora, 2014, p. 605.

[538] Ac. do STJ de 18 de junho de 2013, relator Moreira Alves.

uma falsa representação (erro)"[539] ou ainda, numa nota subjetiva, a "representação de uma das partes, conhecida da outra e relativa a certa circunstância basilar respeitante ao próprio contrato, e que foi essencial para a decisão de contratar"[540].

4. Um *segundo aspeto* respeita à unilateralidade e bilateralidade da base do negócio. Apesar de alguma hesitação na jurisprudência, a orientação atualmente dominante, da qual não vislumbramos razão para nos afastar, parece considerar que a norma do citado artigo 252º, nº 2, abrange quaisquer hipóteses de erro, unilateral ou bilateral[541].

5. Vejamos agora a *terceira questão* que enunciámos, quanto aos demais requisitos do erro sobre a base do negócio e quanto ao âmbito desta figura, no confronto com o erro sobre os motivos e o erro sobre o objeto.

Literalmente, o artigo 252º, nº 2, parece remeter para o artigo 437º apenas quanto a consequências de regime jurídico. Contudo, várias posições restringem o âmbito do erro sobre a base do negócio, considerando que estão em causa apenas situações de "desvio anormal", que se revelem contrárias à boa-fé e que não estejam cobertas pelos riscos do contrato[542]. Outras, exigem uma certa ideia de repugnância do erro à luz das exigências da boa-fé: no caso da base do negócio, não haveria acordo contratual (nem uma situação típica de confiança),

[539] Ac. do TRC de 31 de janeiro de 2018, relator Isaías Pádua.

[540] Ac. do TRC de 24 de junho de 2008, relator Helder Roque.

[541] Assim, Inocêncio Galvão Telles, *Manual dos contratos*, p. 344-345, José de Oliveira Ascensão, *Direito civil. Teoria geral*, III, p. 194 ss, Menezes Cordeiro, *Tratado*, I, I, p. 833 ss, Paulo Mota Pinto, *Requisitos de relevância do erro*, p. 126 ss, Pedro Pais de Vasconcelos, *Teoria geral*, p. 582 ss, Carlos Ferreira de Almeida, *Erro*, p. 5. Para outras posições, na doutrina mais antiga, *vide* ainda Castro Mendes, *Teoria geral*, p. 107, Carlos Mota Pinto, *Teoria geral*, p. 516. Na jurisprudência recente, dispensando a bilateralidade, *vide* por exemplo Ac. do TRC de 24 de junho de 2008, relator Helder Roque ou Ac. do TRC, de 12 de novembro de 2013, relator Conselheiro Henrique Antunes, mas em sentido contrário, Ac. do TRC de 31 de janeiro de 2018, relator Isaías Pádua.

[542] Pedro Pais de Vasconcelos, *Teoria geral*, p. 583 ss.

mas uma ofensa à boa-fé[543]. Estariam, assim, em causa situações em que "tudo levaria a presumir a concordância da outra parte no condicionamento do negócio, ou em que a boa fé de todo o modo impõe esse condicionamento"[544]. Parece-nos, de facto, esta a melhor solução, que não importa uma leitura além da letra da lei, dado que a boa-fé é um dado geral do sistema e, no caso o erro em apreço, só esta restrição permite tornar operacional o intrincado regime jurídico do erro sobre a base do negócio.

Aliás, uma linha de orientação que nos parece também de acolher tem salientado que o erro sobre a base do negócio tem caráter residual[545]. Segundo esta perspetiva, o âmbito de aplicação do erro sobre a base do negócio encontrar-se-á confinado aos casos subtraídos ao erro sobre os motivos e ao erro sobre o objeto. Na síntese de FERRER CORREIA, "o erro sobre a base negocial haverá, portanto, de ser um erro sobre os motivos determinantes da vontade que, sendo de tipo especial não diga, contudo, respeito à pessoa do declaratário ou ao objeto do negócio"[546].

6. Examinemos, por fim, as consequências jurídicas previstas no artigo 252º, nº 2.

Um *primeiro ponto* a clarificar diz respeito ainda à remissão operada pelo artigo 252º para o artigo 437º.

Questiona-se, por vezes, se a circunstância de o artigo 252º, nº 2, remeter para o artigo 437º tem como consequência a não aplicação do erro sobre a base do negócio a contratos já executados. Em linha com o que dissemos anteriormente, parece-nos que a resposta deve ser nega-

[543] ANTÓNIO MENEZES CORDEIRO, *Tratado*, II, p. 869, PAULO MOTA PINTO, *Requisitos de relevância do erro*, p. 121, DIOGO COSTA GONÇALVES, *Erro obstáculo e erro vício*, Separata da Revista da Faculdade de Direito da Universidade de Lisboa, 2004, p. 386 ss, entre outros Autores. ANA FILIPA MORAIS ANTUNES entende também que "a base do negócio equivale aos pressupostos fundamentais do negócio, que são reconhecidos como tal pelas partes, sob pena de grave violação dos princípios de equilíbrio negocial e da boa fé" – anotação ao artigo 252º, em *Comentário ao Código Civil. Parte Geral*, Universidade Católica Editora, 2014, p. 603.

[544] PAULO MOTA PINTO, *Requisitos de relevância do erro*, p. 123.

[545] DIOGO COSTA GONÇALVES, *Erro obstáculo e erro vício*, p. 386 ss.

[546] FERRER CORREIA / ALMENO DE SÁ, *Parecer*, *A Privatização da Sociedade Financeira Portuguesa*, p. 294.

tiva: a remissão do primeiro preceito exige, quanto a certos aspetos, uma adaptação ao próprio regime do erro. Uma compra e venda executada pode ser anulada com base em erro dentro do prazo de caducidade aplicável (cf. artigo 287º, nº 1): tratando-se de um vício da vontade, a destruição de uma situação jurídica já constituída pode operar, dentro dos constrangimentos temporais previstos na lei.

7. Um *segundo ponto* respeita à modificação. Quanto à possibilidade de modificação, esta reveste alguma controvérsia, mas não vemos razões para a afastar, considerando o teor literal da remissão para o artigo 437º e as soluções do direito alemão atual, conforme é também entendimento da jurisprudência[547].

8. Estará em causa uma vontade conjetural[548]? Qual o sentido da remissão para a equidade do artigo 437º? A remissão para a equidade operada pela norma do artigo 437º, nº 1, denotando a prevalência da influência italiana sobre a proposta de VAZ SERRA[549], e afastando-se da atual redação do § 313 BGB, significa a consideração das circunstâncias do caso concreto, entre as quais, em particular, a "vontade das partes" e a "eficácia concreta da alteração".

Como já escrevemos noutra sede a propósito da modificação do contrato por alteração das circunstâncias, os limites à modificação do contrato pelo tribunal devem atender ao (s) pedido (s) judicialmente formulado (s). Perante o concreto figurino dos factos assentes e dos factos controvertidos, o juiz deverá dirimir o litígio, modificando o contrato de acordo com a equidade, mas tendo por horizonte o pedido (cf. artigo

[547] Refere o Acórdão do STJ de 2 de outubro de 2014, relator LOPES DO REGO: "face à remissão contida no nº2 do art. 252º do CC, o *erro sobre a base negocial* subjectiva tanto pode determinar um *efeito resolutivo/anulatório do negócio* (implicando a *destruição retroactiva* do negócio inquinado pela invalidade), como a menos gravosa *modificação do conteúdo* ou das cláusulas viciadas, reconfigurando-se equitativamente o seu conteúdo, de modo a permitir *compatibilizar-se* a invalidade existente com a subsistência da relação contratual afectada por vício da vontade de um dos contraentes".

[548] Referindo-a, JOSÉ OLIVEIRA ASCENSÃO, *Direito Civil. Teoria Geral*, II, p. 151.

[549] A proposta de VAZ SERRA a este respeito correspondia à inclusão de um preceito onde se estabelecia que "a modificação do contrato só é admissível quando for conforme com a presumível intenção das partes ou com a boa fé" – *Resolução*, p. 380.

264º, nº 1 CPC). Se, à luz da equidade, não for possível uma modificação do contrato, o juiz deve absolver o réu do pedido, mas não pode determinar a anulação de um contrato *ultra petitum* (cf. arts. 661º e 668º, nº 1 e) CPC).

9. Na venda de participações acionistas, a modificação do contrato poderá visar as condições negociais ou o preço. A pergunta que surge naturalmente é a de saber se a parte contrária pode alegar que, com a modificação, não teria celebrado o contrato. A resposta é negativa. A situação da parte contrária é protegida pela ligação do erro sobre a base do negócio à boa-fé e pela consideração da "vontade das partes" e da "eficácia concreta da alteração" na concretização do sentido da equidade modificativa.

BIBLIOGRAFIA

AAVV, *A Privatização da Sociedade Financeira Portuguesa*, Lex, 1995

Abreu, Jorge Coutinho de, *Da empresarialidade. As empresas no direito*, Almedina, Coimbra, 1996

Almeida, Carlos Ferreira de, *Erro sobre a base do negócio*, CDP nº 43, Julho/ /Setembro 2013, p. 3 ss

Almeida, Carlos Ferreira de, *Contratos*, I, *Conceito. Fontes. Formação*, Almedina, Coimbra, 2017 (6ª ed.)

Antunes, José Engrácia, *Direito das Sociedades*, Porto, 2013

Antunes, José Engrácia, *A empresa como objecto de negócios* –"Asset Deals" versus "Share Deals", ROA, 2008, p. 715 ss

Ascensão, José de Oliveira, *Direito Civil. Teoria Geral*, vol. II, Coimbra Editora, Coimbra, 2003 (2ª ed.)

Ascensão, José de Oliveira, *Direito Civil. Teoria Geral*, vol. III, Coimbra Editora, Coimbra, 2002

Ascensão, José de Oliveira, *Direito Comercial*, IV, *Sociedades Comerciais – Parte Geral*, Lisboa, 2000,

Baur, Jürgen, *Die Gewährleistungshaftung des Unternehmensverkäufers. Ein Beitrag zu den ungeklärten zivilrechtlichen Grundlagen von Konzentrationsvorgängen*, BB, 1979, p. 381 ss

Beckmann, Roland Michael, *Kauf*, *in J. von Staudingers Kommentar zum Bürgerlichen Gesetzbuch mit Einführungsgesetz und Nebengesetzen, Eckpfleiler des Zivilrechts*, Sellier, de Gruyter, Berlim, 2014

Beckmann, Roland Michael, anotação ao §453, *in J. von Staudingers Kommentar zum Bürgerlichen Gesetzbuch mit Einführungsgesetz und Nebengesetzen*, Livro 2, *Recht der Schuldverhältnisse*, §§433-480, (*Kaufrecht*) Sellier, de Gruyter, Berlim, 2014

Beisel, Daniel, Friedhold, Andreas, *Due diligence*, Beck, Munique, 3ª ed., 2017

Bergjan, Ralf, *Die Auswirkungen der Schuldrechtsreform 2002 auf den Unternehmenskauf. Unter besonderer Berücksichtigung der Gewährleistungshaftung des Beiträge zur Rechtswissenschaft*, Duncker & Humblot, Berlim, 2003

Böttcher, Lars, *Due Diligence beim Unternehmenskauf als Verkehrssite*, ZGS, 1/2007, p. 20 ss

Branco, Sofia Ribeiro, *O direito dos acionistas à informação*, Almedina, Coimbra, 2008

Breidenbach, Stephan, *Die Voraussetzungen von Informationspflichten beim Vertragsabschluß*, Beck, Munique, 1989

Brieskorn, Konstanze, *Vertragshaftung und responsabilité contractuelle. Ein Vergleich zwischen deutschem und französischem Recht mit Blick auf das Vertragsrecht in Europa*, Mohr Siebeck, Tubinga, 2010

Büdenbender, Ulrich, NK-BGB (Nomos Kommentar BGB), 3ª ed., 2016, anexo II aos §433-480 BGB

Buschinelli, Gabriel, *Compra e venda de participações societárias de controle*, São Paulo, 2017, policopiada

Canaris, Claus-Wilhelm, *Handelsrecht*, Beck, Munique, 2006, 24ª ed

Canaris, Claus-Wilhelm, *Die Neuregelung des Leistungsstörungs und des Kaufrechts – Grundstrukturen und Problemschwerpunkte*, em *Karlsruher Forum 2002: Schuldrechtsmodernisierung*, org. Egon Lorenz, VVW, Karlsruhe, 2003, p. 10 ss

Canaris, Claus-Wilhelm, *Leistungsstörungen beim Unternehmenskauf*, ZGR, 1982, p. 395 ss

Câmara, Paulo / Bastos, Miguel Brito, *O direito da aquisição de empresas: uma introdução*, em *Aquisição de empresas*, Coimbra Editora, 2011

Carvalho, Orlando de, *Critério e estrutura do estabelecimento comercial*, I, *O problema da empresa como objeto de negócios*, Coimbra, 1967

Castro, Carlos Osório de, *Valores mobiliários. Conceito e espécies*, Porto, 1998

Cordeiro, António Barreto Menezes Cordeiro, *Manual de Direito dos Valores Mobiliários*, Almedina, Coimbra, 2016

Cordeiro, António Menezes, *Tratado de Direito Civil*, XI, *Contratos em especial*, 1ª parte, Almedina, Coimbra, 2018

Cordeiro, António Menezes, *Tratado de Direito Civil*, IX, *Direito das Obrigações*, Almedina, Coimbra, 2017 (3ª ed.)

Cordeiro, António Menezes, *Direito dos seguros*, Almedina, Coimbra, 2017

Cordeiro, António Menezes, *Tratado de Direito Civil*, VIII, *Direito das Obrigações*, Almedina, Coimbra, 2016

Cordeiro, António Menezes, *Direito das Sociedades*, II, *Das Sociedades em especial*, Almedina, Coimbra, 2014

Cordeiro, António Menezes, *Tratado de Direito Civil português*, vol. II, *Parte geral. Negócio jurídico*, Almedina, Coimbra, 2014, com a colaboração de A. Barreto Menezes Cordeiro, (4ª ed.)

Cordeiro, António Menezes, *Direito bancário*, Almedina, Coimbra, 2014,

Cordeiro, António Menezes, *Tratado de direito civil*, I, *Introdução, fontes do direito, interpretação da lei, aplicação das leis no tempo, doutrina geral*, Almedina, Coimbra, 2012 (4ª ed.) (cit. *Tratado de direito civil*, I)

Cordeiro, António Menezes, anotação ao artigo 291º, *Código das Sociedades Comerciais Anotado*, Coimbra, 2009

Cordeiro, António Menezes, *Da boa fé no Direito Civil*, Almedina, Coimbra, 2001 (reimp. da obra de 1983)

Cordeiro, António Menezes, *Parecer, in Privatização da Sociedade Financeira Portuguesa*, Lex, 1995

Correia, António Ferrer, *Sociedades fictícias e unipessoais*, Coimbra, Atlântida, 1948

Correia, António Ferrer, Sá, Almeno de, *Parecer, in Privatização da Sociedade Financeira Portuguesa*, Lex, 1995

Czarnecki, Mark Andre, *Vertragsauslegung und Vertragsverhandlungen. Eine rechtsvergleichende Untersuchung*, Mohr Siebeck, Tubinga, 2016

Daele, Wolfgang van den, *Probleme des gegenseitigen Vertrages. Untersuchungen zur Äquivalenz gegenseitiger Leistungspflichten*, De Gruyter & Co, Hamburgo, 1968

Dauner-Lieb, Barbara/ Thiessen, Jan, *Garantiebeschränkungen in Unternehmenskaufverträge nach der Schuldrechtsreform*, ZIP 2002, p. 108 ss

Denkhaus, Stefan, Ziegenhagen, Andreas, *Unternehmenskauf in Krise und Insolvenz*, Colónia, 2016

Duarte, Rui Pinto, *A interpretação dos contratos*, Almedina, Coimbra, 2016

Faria, Jorge Leite Areias Ribeiro de, *Direito das obrigações*, Almedina, Coimbra, 2003, vol. I (reimp.)

Faria, Jorge Leite Areias Ribeiro de, *Direito das obrigações*, Almedina, Coimbra, 2001, vol. II (reimp.)

Fatemi, Aliresa, *Die Obliegenheit zur Due Diligence*, Nomos, 2009

Feldmann, Cornelia, anotação ao §311 em *Staudinger BGB*, §§ 311, 311 a-c, Sellier, De Gruyter, Berlim, 2018

FERREIRA, Rui Cardona, *Deveres de informação*, em *A Governação dos Bancos nos Sistemas Jurídicos Lusófonos*, Coimbra, 2016, p. 187 ss

FISCHER, Michael, *Die Haftung des Unternehmensverkäufers nach neuem Schuldrecht*, DStR 2004, p. 276 ss

FLEISCHER, Holger, *Handbuch des Vorstandsrechts*, Beck, Munique, 2006

FLEISCHER, Holger, *Konkorrenzangebote und Due Diligence*, ZIP, 2002, p. 651 ss

FLEISCHER, Holger, *Informationsasymmetrie im Vertragsrecht*, Beck, Munique, 2001

FLEISCHER, Holger, *Konkurrenzprobleme um die culpa in contrahendo: Fahrlässige Irreführung versus arglistige Täuschung*, AcP, 2000, p. 91 ss

FLEISCHER, Holger, Körber, Torsten, *Due diligence und Gewährleistungen beim Unternehmenskauf*, BB, 2001, p. 841 ss

FONSECA, Patrícia Afonso, *A negociação de participações de controlo. A jurisprudência*, I Congresso Direito das Sociedades em Revista, *Direito das Sociedades em Revista*, 2011

FRADA, Manuel Carneiro da, *A business judgement rule no quadro dos deveres gerais dos administradores*, *Forjar o Direito*, Almedina, Coimbra, 2015

FRADA, Manuel Carneiro da, *Teoria da confiança e responsabilidade civil*, Almedina, Coimbra, 2004

FRADA, Manuel Carneiro da, *Contrato e deveres de protecção*, Coimbra, 1994

FRIEDHOLD, Andreas, *vide* Beisel, Daniel

GALVÃO, Clemente, "*Conteúdo e incumprimento do contrato de compra e venda de participações sociais, um contributo*", acesso on-line em www.oa.pt

GANTER, Hans Gerhard, *Aufklärungspflichten beim Beteiligungs und Unternehmenskauf*, NJW, 1994, p. 158 ss

GAUL, BJÖRN, *Schuldrechtsmodernisierung und Unternehmenskauf*, ZHR, 2002, p. 35 ss

GOMES, José Ferreira, *Da administração à fiscalização das sociedades. A obrigação de vigilância dos órgãos da sociedade anónima*, Almedina, Coimbra, 2015

GOMES, José Ferreira, Gonçalves, Diogo Costa, *A imputação de conhecimento às sociedades comerciais*, Almedina, Coimbra, 2017

GOMES, M. Januário da Costa, *Contratos Comerciais*, Almedina, Coimbra, 2013

GRAN, Andreas, *Abläufe bei Mergers & Acquisitions*, NJW, 2008, p. 1412 ss

GRIGOLEIT, Hans Christoph, *Vorvetragliche Informationshaftung*, Beck, Munique, 1997

Grigoleit, Hans Christoph, **Herresthal**, Carsten, *Grundlagen des Sachmängelhaftung im Kaufrecht*, JZ 2003, p. 118 ss

Gronstedt, Sebastian/ Jörgens, Stefan, *Die Gewährleistungshaftung bei Unternehmensverkäufen nach dem neuen Schuldrecht*, ZIP 2002, p. 52 ss

Grunewald, Barbara, *Kaufrecht*, Mohr Siebeck, Tubinga, 2006

Grunewald, Barbara, *Rechts-und Sachmängelhaftung beim Kauf von Unternehmensanteilen*, NZG 2003, p. 372 ss

Grunewald, Barbara, *Die Grenzziehung zwischen der Rechts- und Sachmängelhaftung beim Kauf*, Bona, 1980

Gsell, Beate, *Das Verhältnis von Rücktritt und Schadensersatz*, JZ 2004, p. 643 ss

Gutzeit, Martin, *Der arglistig täuschende Verkäufer*, NJW 2008, p. 1359 ss

Hass/ Koch/ Golland, *Ansprüche aus culpa in contrahendo wegen fehlerhafter Aufklärung*, in *Handbuch Streitigkeiten beim Unternehmenskauf, M&A Litigation*, org. Kim Lars Mehrbrey, Carl Heymanns Verlag, Colónia, 2018

Hauck, Bernd, *Mängel des Unternehmens beim Unternehmens-und Beteiligungskauf. Eine rechtsvergleichende Betrachtung des deutschen und schweizerischen Rechts*, Helbing Lichtenhahn Verlag, Basel, 2008

Heinrichs, Joachim, *Zur Haftung auf Schadenersatz wegen unrichtiger Bilanzgarantien beim M&A Transaktionen*, NZG 2014, p. 1001 ss

Heinrichs, Joachim, *Falsche Bilanzen und Bilanzgarantien bei M&A- Transaktionen, in* Drygala/Wächter, *Bilanzgarantien bei M&A-Transaktionen*, Beck, Munique, 2017

Hemeling, Peter, *Gesellschaftrechtliche Fragen der Due Diligence beim Unternehmenskauf*, ZHR, 2005, p. 274 ss

Henssler, Martin, *Haftung des Verkäufers wegen Informationspflichtverletzung beim Unternehmenskauf, in Festschrift für Klaus J. Hopt, Unternehmen, Markt und Verwantwortung*, vol. I, De Gruyter, 2010, p. 113 ss

Hoenig, Klaus, **Klingen**, Sebastian, *Die W&I-Versicherung beim Unternehmenskauf*, NZG 2016, p. 1244 ss.

Hölters, Wolfgang, anotação ao § 93 *Aktiengesetz*, Beck, Munique, 2017, 3ª ed.

Hommelhoff, Peter, *Der Unternehmenskauf als Gegenstand der Rechstgestaltung*, ZHR, 1986, p. 254 ss

Hopt, Klaus / Mössle, Klaus, "*Der misslungene Anteilsverkauf*", JuS 1985, p. 211 ss

Huber, Ulrich, *Die Praxis des Unternehmenskaufs im System des Kaufrechts*, AcP, 2002, p. 179 ss

Huber, Ulrich, *Mängelhaftung beim Kauf von Gesellschaftsanteilen*, ZGR, 1972, p. 395 ss

Hüffer, Uwe, **Koch**, Jens, *Aktiengesetz*, anotação §131, Beck, Munique, 2014, 11ª ed.

Jagersberger, Barbara, *Die Haftung der Verkäufers beim Unternehmens-und Anteilskauf*, Nomos, 2006

Jorge, Fernando Pessoa, *Ensaio sobre os pressupostos da responsabilidade civil*, Almedina, Coimbra, 1999 (reimp.)

Kauer, Dorothee, *Die Informationsbeschaffungspflicht des Vorstands einer AG*, Nomos, 2015

Kiethe, Kurt, *Das Recht des Aktionärs auf Auskunft über riskante Geschäfte (Risikovorsorge)*, NZG 2003, p. 401 ss

Kiethe, Kurt, *Vorstandshaftung aufgrund fehlerhafter Due Diligence beim Unternehmenskauf*, NZG, 1999, p. 977 ss

Kindl, Johann, *Unternehmenskauf und Schuldrechtsmodernisierung*, WM, 2003, p. 409 ss

King, Christopher, *Die Bilanzgarantie beim Unternehmenskauf*, RWS, Colónia, 2010

Kirsten, Stefan, *Verschuldensunabhängige Schadensersatzhaftung für Sachmängel beim Warenkauf?*, Mohr Siebeck, Tubinga, 2009

Kleissler, Max, *Die Bilanzgarantie: eine Betrachtung von Tatbestand und Rechtsfolgen nach einem Urteil des OLG Frankfurt a.M.*, NZG 2017, p. 531 ss

Knott, Hermann, *Unternehmenskauf nach der Schuldrechtsreform*, NZG, 2002, p. 249 ss

Koch, Jens, *vide* Hüffer, Uwe

Körber, Torsten, *Geschäftsleitung der Zielgesselschaft und due diligence bei Paketerwerb und Unternehmenskauf*, NZG, 2002, p. 263 ss

Körber, Torsten, *vide* Fleischer, Holger

Kramer, Adam, *The Law of Contract Damages*, Oxford, 2014

Labareda, João, *Direito à informação*, em *Problemas de Direito das Sociedades*, Almedina, Coimbra, 2008 (reimp.), p. 119 ss

Lampen, Alexandra, Roth, Stephanie, *Ansprüche aus kaufrechtlichem Gewährleistungsrecht*, in *Handbuch Streitigkeiten beim Unternehmenskauf, M&A Litigation*, org. Kim Lars Mehrbrey, Carl Heymanns, Colónia, 2018

Larenz, Karl/**Wolf**, Manfred, *Allgemeiner Teil des Bürgerlichen Rechts*, Beck, Munique, 2004, 9ª ed.

Larenz, Karl, *Lehrbuch des Schuldrechts*, 2º vol, 1º tomo, Munique, 1986

Larenz, Karl, *Geschäftsgrundlage und Vertragserfüllung. Die Bedeutung „veränderter Umstände" im Zivilrecht*, Beck, Munique e Berlim, 1963, 3ª ed.

Leitão, Luís Menezes, *Direito das Obrigações*, II, Almedina, Coimbra, 2018 (12ª ed.)

Leitão, Luís Menezes, *Direito das Obrigações*, III, Almedina, Coimbra, 2018 (12ª ed.)

Lieb, Manfred, *Gewährleistung beim Unternehmenskauf, FS für Joachim Gernhuber zum 70. Geburtstag*, org. Hermann Lange, Knut Nörr, Harm Peter Westermann, Mohr Siebeck, Tubinga 1993, p. 259 ss

Lima, Fernando Andrade Pires de, Varela, João de Matos Antunes, *Código Civil anotado*, vol. II, com colaboração de M. Henrique Mesquita, Coimbra editora, Coimbra, 1986 (3ª ed.)

Looschelders, Dirk, *Beschaffenheitsvereinbarung, Zusicherung, Garantie, Gewährleistungsauschluss, Das neue Schuldrecht in der Praxis*, org. Barbara Dauner-Lieb/ Horts Konzen/ Karsten Schmidt, Carl Heymanns Verlag, Colónia, 2003, p. 395 ss

Lorenz, Stephan, *Der Unternehmenskauf nach der Schuldrechtsreform, FS für Andreas Heldrich zum 70. Geburtstag*, org. Stephan Lorenz, Alexander Trunk, Horst Eindenmüller, Christiane Wenderhorst, Johannes Adolff, Beck, Munique, 2005, p. 305 ss

Lorenz, Stephan, *Schuldrechtsreform 2002: Problemschwerpunkte drei Jahre danach*, NJW 2005, p. 1889 ss

Lorenz, Stephan, *Rücktritt, Minderung und Schadensersatz wegen Sachmängeln im neuen Kaufrecht: was hat der Verkäufer zu vertreten?*, NJW 2002, p. 2497 ss

Lorenz, Stephan, *Der Schutz vor dem unerwünschten Vertrag. Eine Untersuchung von Möglichkeiten und Grenzen der Abschlusskontrolle im geltenden Recht*, Beck, Munique, 1997

Louven, Christoph, *Streitigkeiten nach gesetzlichem Gewährleistungs- und Haftungsrecht, Grundsätze des gesetzlichen Schadensrecht, Handbuch Streitigkeiten beim Unternehmenskauf*, M&A Litigation, org. Kim Lars Mehrbrey, Carl Heymanns, Colónia, 2018, p. 421 ss

Lutter, Marcus, *Der Letter of Intent*, Beck, Munique, 1998, 3ª ed

Lutter, Marcus, *Due Diligence des Erwerbers beim Kauf einer Beteiligung*, ZIP, 1997, p. 613 ss

Machado, João Baptista, *Acordo negocial e erro na venda de coisas defeituosas*, em *Obra Dispersa*, I, Scientia Juridica, Braga, 1991, p. 31 ss

MACHADO, João Baptista, *Pressupostos da resolução por incumprimento*, em *Obra Dispersa*, I, Scientia Juridica, Braga, 1991, p. 125 ss

MACHADO, João Baptista, *Tutela da confiança e «venire contra factum proprium»*, em *Obra Dispersa*, I, Scientia Juridica, Braga, 1991, p. 345 ss

MADER, Florian, *Der Informationsfluss im Unternehmensverbund*, Mohr Siebeck, Tubinga, 2016

MARTINEZ, Pedro Romano, *Da cessação do contrato*, Almedina, Coimbra, 2006 (2ª ed.)

MARTINEZ, Pedro Romano, *Cumprimento defeituoso. Em especial na compra e venda e na empreitada*, Almedina, Coimbra, 2001

MARTINS, Alexandre Soveral, anotação ao artigo 291º, *Código das Sociedades Comerciais em Comentário*, Coimbra, 2012

MARTINS, Alexandre Soveral, *A jurisprudência, Transmissão de participações de controlo e cláusulas de revisão do preço*, I Congresso Direito das Sociedades em Revista, Direito das Sociedades em Revista, 2011

MATUSCHE, Annemarie, anotação ao §434, *in J. von Staudingers Kommentar zum Bürgerlichen Gesetzbuch mit Einführungsgesetz und Nebengesetzen*, Livro 2, *Recht der Schuldverhältnisse*, §§433-480, (*Kaufrecht*) Sellier, de Gruyter, Berlim, 2014

MEHRBREY, Kim Lars, *Schadensersatz bei Verletzung einer Bilanzgarantie*, NZG, 2016, p. 419 ss

MELLERT, Christopher Rudolf, *Selbständige Garantien beim Unternehmenskauf-Auslegungs-und Abstimmungsprobleme*, BB, 2011, (p. 1667 ss)

MERKELBACH, Matthias, *Die Haftung von Experten gegenüber Dritten für Fehler im Due Diligence Report*, Nomos, 2010

MERKT, Hanno, *Due Diligence und Gewährleistung beim Unternehmenskauf*, BB 1995, p. 1041 ss

MEYER, Andreas H. / LÖWE, *Allgemeine Rahmenregelungen zu Garantien in Unternehmenskaufverträgen, in Handbuch Streitigkeiten beim Unternehmenskauf, M&A Litigation*, org. Kim Lars Mehrbrey, Carl Heymanns Verlag, Colónia, 2018, p. 566 ss

MEURER, Thomas, *Due Diligence, Beck' sches M&A Handbuch*, org Wolfgang Meyer-Sparenberg, Christof Jäckle, Munique, 2017, p. 37 ss,

MÖLLER, Jan, *Offenlegungen und Aufklärungspflichten beim Unternehmenskauf*, NZG 2012, p. 841 ss

MONTEIRO, António Pinto, *Cláusulas limitativas e de exclusão de responsabilidade civil*, Almedina, Coimbra, 2003

Monteiro, António Pinto / Pinto, Paulo Mota, *Compra e venda de empresa. A venda de participações sociais como venda de empresa (share deal)*, RLJ ano 137, nº 3947, 2007, p. 76 ss

Monteiro, Jorge Ferreira Sinde, *Responsabilidade por conselhos, recomendações ou informações*, Almedina, Coimbra, 1989

Mössle, Klaus, *vide* Hopt, Klaus

Müller, Gerd, *Umsätze und Erträge – Eigenschaften der Kaufsache?*, ZHR 1983, p. 501 ss

Müller, Klaus, *Gestattung der Due Diligence durch den Vorstand der Aktiengesellschaft*, NJW, 2000, p. 3452 ss

Neves, António Castanheira, *Metodologia jurídica. Problemas fundamentais*, Coimbra editora, Coimbra, 1993

Nickel, Carsten, *Die Rechtsfolgen der culpa in contrahendo*, Duncker & Humblot, Berlim, 2004

Niesse, Susanne, *Die leistungsstörungsrechtlichen Grundstrukturen des deutschen, französischen und englischen Unternehmenskaufrechts im Vergleich*, Peter Lang, Francoforte, 2012

Nunes, Pedro Caetano, *Dever de gestão dos administradores das sociedades anónimas*, Almedina, Coimbra, 2012

Oertmann, Paul, *Die Geschäftsgrundlage, Ein neuer Rechtsbegriff*, A. Deichert, Leipzig, 1921

Oliveira, Ana Perestrelo, *Manual de Governo das Sociedades*, Almedina, Coimbra, 2017

Oliveira, Ana Perestrelo, *Manual de Grupos de Sociedades*, Almedina, Coimbra, 2016

Oliveira, Nuno Manuel Pinto, *Responsabilidade objectiva*, CDP, nº especial 02, Dezembro 2012, p. 107 ss

Oliveira, Nuno Manuel Pinto, *Princípios de Direito dos Contratos*, Coimbra Editora, Coimbra, 2011

Oliveira, Nuno Pinto, *Cláusulas acessórias ao contrato: cláusulas de exclusão e de limitação do dever de indemnizar e cláusulas penais*, Coimbra, 2008 (3ª ed.)

Oliveira, Nuno Manuel Pinto, *Contrato de compra e venda. Noções fundamentais*, Almedina, Coimbra, 2007

Oliveira, Nuno Manuel Pinto, *Direito das Obrigações*, vol. I, Almedina, Coimbra, 2005

Osswald, Fabian, *Die D&O-Versicherung beim Unternehmenskauf. Auswirkungen eines Unternehmenskaufs und einer Verschmelzung auf den D&O-Versicherungsschutz*, Duncker und Humblot, Berlim, 2009

PARK, Eun-He, *Vorvertragliche Informationspflichten* im Due-Diligence Verfahren, Duncker & Humblot, Berlim, 2014

PERERA, Ángel Carrasco, *Manifestaciones y garantías y responsabilidad por incumplimiento*, em *Fusiones y adquisiciones de empresas*, Thomson Aranzadi, 2004, p. 257 ss

PICONE, Luca, *Trattative*, due diligence *ed obbligi informativi*, BBTC, 2004, I, (p. 234 ss), p. 259

PICOT, Gerard, *Due diligence und privatrechtliches Haftungssystem*, em *Due Diligence bei Unternehmensakquisitionen*, org. Berens/Brauner/Strauch, Schäffer-Poeschel Verlag, Estugarda, 2008

PINTO, Paulo da Mota, *Interesse contratual negativo e interesse contratual positivo*, volumes I e II, Coimbra Editora, Coimbra, 2008

PINTO, Paulo Mota, *Requisitos de relevância do erro. Nos Princípios de Direito Europeu dos Contratos e no Código Civil Português, in Estudos em Homenagem ao Prof. Doutor Inocêncio Galvão Telles*, vol. IV, *Novos Estudos de Direito Privado*, Almedina, Coimbra, 2003

PINTO, Paulo Mota, *vide* Monteiro, António Pinto

PIRES, Catarina Monteiro, *Impossibilidade da prestação*, Almedina, Coimbra, 2017

PIRES, Catarina Monteiro, *Limites dos esforços e dispêndios exigíveis ao devedor para cumprir*, ROA, 2016, p. 105 ss

PIRES, Catarina Monteiro, *A prestação restitutória em valor na resolução do contrato por incumprimento, Estudos em homenagem a Miguel Galvão Teles*, Almedina, Coimbra, 2012, p. 703 ss

PIRES, Catarina Monteiro, *Resolução do contrato por incumprimento e impossibilidade de restituição em espécie*, O Direito, 2012, III, p. 653 ss

PRATA, Ana, *Notas sobre responsabilidade pré-contratual*, Almedina, Coimbra, 2002 (reimp.)

PROENÇA, José Carlos Brandão, *Lições de cumprimento e não cumprimento das obrigações*, Wolters Kluwer Portugal, Coimbra, 2011

PROENÇA, José Carlos Brandão, *A conduta do lesado como pressuposto e critério de imputação do dano extracontratual*, Almedina, Coimbra, 2007 (reimp.)

PROENÇA, José Carlos Brandão, *A resolução do contrato no Direito Civil. Do enquadramento e do regime*, Coimbra Editora, 1996

RADJAI, Noradèle, *Claims for breach of representations and warranties*, em *Arbitration for M&A Transactions*, Globe Business Publishing, 2014, p. 325 ss

Ribes, Miguel Gimeno, *La protección del comprador en la adquisición del empresa. Estudio comparado de los ordenamentos español y alemán*, Editorial Comares, Granada, 2013

Rittmeister, Maximilan, *Gewährleistung beim Unternehmenskauf*, Peter Lang, Francoforte, 2005

Rothweiler, Stephan, *Der Informationsfluss vom beherrschten zum herrschenden Unternehmen im Gesellschafts- und Kapitalmarktrecht*, Francoforte, 2008

Russo, Fábio Castro, *Due diligence e responsabilidade*, I Congresso Direito das Sociedades em Revista, Direito das Sociedades em Revista, 2011, p. 13 ss

Russo, Fábio Castro, *Das cláusulas de garantia nos contratos de compra e venda de participações sociais de controlo*, Direito das Sociedades em Revista, 2010, p. 115 ss

Schmidt, Reimer, *Die Obliegenheiten. Studien auf dem Gebiet des Rechtszwanges im Zivilrecht und besonderer Berücksichtigung des Privatversicherungsrechts*, Verlag Versicherungswirtschaft, Karlsruhe, 1953

Schneider, Sven, *Informationspflichten und Informationssystemeinrichtungspflichten im Aktienkonzern*, Duncker und Humblot, Berlim, 2006

Schröder, Ulrich, *Darf der Vorstand der Aktiengesellschaft dem Aktienkäufer eine Due Diligence gestatten?*, Der Berater, 1997, p. 2161 ss

Schröker, Stephan, *Unternehmenskauf nach der Schuldrechtsreform*, ZGR 2005, p. 63 ss

Schulz, Thomas, **Sommer**, Daniel, *Bilanzgarantien in der M&A Praxis*, NZG 2018, p. 50 ss

Seyfahrt, Georg, *Vorstandsrecht*, Carl Heymanns, 2015

Serens, Manuel Nogueira *A equiparação de share deal a asset deal no direito alemão*, DSR, 2016, p. 55 ss

Serra, Adriano Paes da Silva Vaz, *Culpa do devedor ou do agente*, BMJ 68, 1957, p. 13 ss

Silva, Gomes da, Cabral, Rita Amaral, *Parecer*, in *A Privatização da Sociedade Financeira Portuguesa*, Lex, 1995

Silva, João Calvão da, *Cumprimento e sanção pecuniária compulsória*, separata do volume XXX do *Suplemento ao Boletim da Faculdade de Direito da Universidade de Coimbra*, Coimbra, 1997, 2ª ed. (reimp.)

Silva, João Calvão da, *Responsabilidade civil do produtor*, Almedina, Coimbra, 1990

Silva, João Soares da, *Responsabilidade Civil dos Administradores de Sociedades: Os Deveres Gerais e os Princípios da Corporate Governance*, ROA, 1997, p. 605 ss

Sousa, Miguel Teixeira de, *Introdução ao Direito*, Almedina, Coimbra, 2012

Sousa, Miguel Teixeira de, *O cumprimento defeituoso e a venda de coisas defeituosas*, Ab uno ad omnes, 75 anos da Coimbra Editora, org. Antunes Varela [et al], Coimbra, 1998, p. 567 ss

Sousa, Miguel Teixeira de, *O concurso de títulos de aquisição da prestação. Estudo sobre a dogmática da pretensão e o concurso de credores*, Almedina, Coimbra, 1988

Spindler, Gerald, anotação ao §131 ktG, K. Schmidt/ Lutter (org.)/ AktG, 3ª ed., 2015

Stamer, Felix, *Unternehmenskauf*, org. Hermann Knott, RWS, Colónia, 2017 (5ª ed.), p. 63 ss

Stengel, Arndt/ Scholderer, Frank, *Aufklärungspflichten beim Beteiligungs- und Unternehmenskauf*, NJW 1994, p. 158 ss

Stöber, Michael, *Beschaffenheitsgarantien des Verkäufers*, Duncker & Humblot, Berlim, 2006

Stoll, Hans *Haftungsfolgen fehlerhafter Erklärungen beim Vetragsschluss, in Festschrift für Stefan Riesenfeld aus Anlass seines 75. Geburtstages*, 1983, p. 275 ss

Telles, Inocêncio Galvão, *Erro sobre a base do negócio jurídico*, separata de Estudos em Homenagem ao Prof. Doutor Raúl Ventura, Coimbra Editora, Coimbra, 2003

Telles, Inocêncio Galvão, *Manual dos contratos em geral*, Coimbra Editora, Coimbra, 2002

Telles, Inocêncio Galvão, *Direito das obrigações*, Coimbra Editora, Coimbra, 1997 (7ª ed.)

Telles, Inocêncio Galvão, *Parecer*, *A Privatização da Sociedade Financeira Portuguesa*, Lex, 1995

Telles, Inocêncio Galvão, *Contratos civis (projecto completo de um título do futuro Código Civil português e respectiva exposição de motivos)*, BMJ nº 83, 1959, p. 114 ss

Tepedino, Gustavo, *Novos princípios contratuais e teoria da confiança: a exegese da cláusula to the best knowledge of the sellers*, em *Soluções práticas de direito. Pareceres*, vol. II, *Relações obrigacionais e contratos*, Editora revista dos tribunais, São Paulo, 2012, p. 425 ss

Unberath, Hannes, *Die Vertragsverletzung*, Mohr Siebeck, Tubinga, 2007

Varela, João de Matos Antunes, *Das Obrigações em geral*, vol. II, Almedina, Coimbra, 2001 (7ª ed., reimp.)

Varela, João de Matos Antunes, *Das Obrigações em geral*, vol. I, Almedina, Coimbra, 2000 (10ª ed., reimp.)

Varela, João de Matos Antunes, *vide* Lima, Fernando Andrade Pires de

Vasconcelos, Pedro Pais de, *Teoria Geral do Direito Civil*, Almedina, Coimbra, 2017, 8ª ed.

Vasconcelos, Pedro Pais de, A *participação social nas sociedades comerciais*, Almedina, Coimbra, 2005

Ventura, Raúl, *Novos Estudos sobre Sociedades Anónimas e Sociedades em Nome Coletivo*, Almedina, Coimbra, 2003 (reimp.)

Ventura, Raúl, *Sociedades por quotas*, I, Almedina, Coimbra, 2002 (reimp.)

Wächter, Gerhard, *M&A Litigation. M&A Recht im Streit*, RWS, Colónia, 2014 (2ª edição)

Wächter, Gerhard, *Schadensrechtliche Probleme beim Unternehmenskauf: Naturalherstellung und Bilanzgarantien*, NJW, 2013, p. 1270 ss

Weisshaupt, Frank, *Haftung und Wissen beim Unternehmenskauf – über Gestaltungsspielräume im M&A-Recht*, WM 2003, p. 782 ss

Weller, Marc-Philippe, *Sachmängelhaftung beim Unternehmenskauf, Festschrift für Georg Maier-Reimer zum 70. Geburtstag*, Beck, Munique, 2010, p. 839 ss

Werner, Rüdiger, *Haftungsrisiken bei Unternehmensakquisitionen: die Pflicht des Vorstands zur Due Diligence*, ZIP, 2000, p. 989 ss

Wertenbruch, Johannes *Gewährleistung beim Unternehmenskauf, Das neue Schuldrecht in der Praxis* (org Barbara Dauner-Lieb/ Horst Konzen/ Karsten Schmidt), Colónia, 2003

Westermann, Harm Peter, anotação ao §453, *Münchener Kommentar zum Bürgerlichen Gesetzbuch*, vol. 3, *Schuldrecht. Besonderer Teil*, §§433-610, Beck, Munique, 2016, (7ª ed.) (MüKo/Westermann, §453)

Westermann, Harm Peter, *Due diligence beim Unternehmenskauf*, ZGR 2005, p. 248 ss

Westermann, Harm Peter, *Haftung beim Unternehmens- und Anteilskauf*, ZGR, 1982, p. 45 ss

Wilhelmi, anotação ao §453 BGB, *Beck Grosskommentar*, Gsell/ Krüger/ Lorenz/ Reymann, 2018

Wittmann, Martin, *Informationsfluss im Konzern*, Peter Lang, Francoforte, 2008

Wolf, Manfred, *vide* Larenz, Karl

Ziegenhagen, Andreas, *vide* Denkhaus, Stefan

ZIEGLER, Ole, *Due Diligence im Spannungsfeld zur Geheimhaltungspflicht von Geschäftsführern und Gesellschaftern* DstR 2000, p. 249 ss
ZIMMER, Daniel, ECKHOLD, Thomas, *Das neue Mängelgewährleistungsrecht beim Kauf*, JURA 2002, p. 145 ss

ÍNDICE GERAL